Healthcare Horizons: Merging Clinical Research and Translational Strategies

स्वास्थ्य क्षितिज: नैदानिक अनुसंधान और अनुवाद रणनीतियों का विलय

Shreya Shingh

Copyright © [2023]

Title: Healthcare Horizons: Merging Clinical Research and Translational Strategies
Author's: Shreya Shingh

This book was printed and published by [Publisher's: **Shreya Shingh**] in [2023]

ISBN:

TABLE OF CONTENT

Chapter 1: Introduction   16

Setting the stage: Briefly introduce the importance of healthcare advancements and the intersection of clinical research and translational strategies.

Defining terms: Clearly define key terms like clinical research, translational research, and their significance in healthcare progress.

Historical perspective: Briefly discuss the evolution of clinical research and translational medicine, highlighting key milestones and challenges.

Scope of the book: Briefly outline the key themes and topics covered in the subsequent chapters.

Chapter 2: The Landscape of Clinical Research 26

- Types of clinical research: Explore different types of clinical research (observational, interventional, etc.) and their specific applications.

- Research design and methodology: Delve into the principles of research design, including study design, data collection, and analysis methods.

- Ethical considerations: Discuss the importance of ethical principles in clinical research, focusing on informed consent, participant safety, and data privacy.

- Challenges and opportunities: Identify current challenges faced in clinical research (e.g., recruitment, funding, diversity) and potential solutions.

Chapter 3: Translational Medicine: Bridging the Gap 36

Conceptualizing translational medicine: Explain the concept of translational medicine and its role in translating research findings into clinical practice.

Bench-to-bedside and bedside-to-bench: Discuss the bidirectional nature of translational medicine, highlighting the flow of knowledge from basic research to clinical applications and vice versa.

Examples of successful translational research: Showcase real-world examples of how translational research has led to breakthroughs in various healthcare fields.

Emerging trends and technologies: Explore the role of cutting-edge technologies (e.g., artificial intelligence, gene editing) in accelerating translational research.

Chapter 4: Merging Clinical Research and Translational Strategies 46

- Integrating research and practice: Discuss strategies for integrating clinical research findings into routine healthcare practices.

- Building partnerships and collaborations: Highlight the importance of collaboration between researchers, clinicians, and industry stakeholders for successful translation.

- Communication and knowledge dissemination: Emphasize the importance of effective communication channels to disseminate research findings to healthcare professionals and the public.

- Addressing challenges and fostering innovation: Identify and address challenges in merging clinical research and translational strategies, proposing solutions and avenues for future innovation.

Chapter 5: Impact on Patient Care and Public Health 58

Improving patient outcomes: Discuss how effective translation of research can lead to improved patient care, personalized medicine, and better health outcomes.

Public health implications: Explore the broader impact of translational research on public health initiatives, disease prevention, and health policy.

Addressing healthcare disparities: Discuss how translational research can help address healthcare disparities and ensure equitable access to healthcare innovations.

The future of healthcare: Provide a glimpse into the future of healthcare, shaped by advancements in clinical research and translational medicine.

Chapter 6: Case Studies 68

Include several case studies of successful mergers of clinical research and translational strategies in different healthcare fields.

Each case study should showcase the specific research question, methodology, translational approach, and impact on patient care or public health.

Provide practical examples and lessons learned from each case study to illustrate the real-world application of these concepts.

Chapter 7: Conclusion and Future Directions 75

- Summarize the key takeaways of the book, emphasizing the importance of merging clinical research and translational strategies.

- Discuss future directions and emerging trends in translational medicine, highlighting potential areas for further research and development.

- Conclude with a call to action for researchers, clinicians, and policymakers to actively collaborate and bridge the gap between research and practice for a healthier future.

TABLE OF CONTENT

मंच तैयार करना: स्वास्थ्य देखभाल में प्रगति के महत्व और नैदानिक अनुसंधान तथा अनुवाद रणनीतियों के आपसी जुड़ाव का संक्षिप्त परिचय.

पारिभाषिक शब्दों का अर्थ समझना: नैदानिक अनुसंधान, अनुवाद अनुसंधान जैसे प्रमुख शब्दों को स्पष्ट रूप से परिभाषित करना और स्वास्थ्य देखभाल के विकास में उनके महत्व को उजागर करना.

ऐतिहासिक परिप्रेक्ष्य: नैदानिक अनुसंधान और अनुवाद चिकित्सा के विकास पर संक्षिप्त चर्चा, जिसमें प्रमुख मील के पत्थर और चुनौतियों को उजागर किया गया है.

पुस्तक का दायरा: बाद के अध्यायों में शामिल प्रमुख विषयों और शीर्षकों की संक्षिप्त रूपरेखा.

अध्याय 2: नैदानिक अनुसंधान का परिदृश्य

- नैदानिक अनुसंधान के प्रकार: विभिन्न प्रकार के नैदानिक अनुसंधान (पर्यवेक्षणीय, हस्तक्षेपात्मक, आदि) और उनके विशिष्ट अनुप्रयोगों का अन्वेषण.

- अनुसंधान डिजाइन और कार्यप्रणाली: अनुसंधान डिजाइन के सिद्धांतों, जिसमें अध्ययन डिजाइन, डेटा संग्रह और विश्लेषण के तरीके शामिल हैं, का गहन विश्लेषण.

- नैतिक विचार: नैदानिक अनुसंधान में नैतिक सिद्धांतों के महत्व पर चर्चा, जिसमें सूचित सहमति, प्रतिभागी सुरक्षा और डेटा गोपनीयता शामिल हैं.

- चुनौतियां और अवसर: नैदानिक अनुसंधान में वर्तमान चुनौतियों (जैसे, प्रतिभागी भर्ती, धन, विविधता) और संभावित समाधानों की पहचान.

अध्याय 3: अनुवाद चिकित्सा: अंतर को पाटना

अनुवाद चिकित्सा की अवधारणा को समझना: अनुवाद चिकित्सा की अवधारणा और अनुसंधान के निष्कर्षों को नैदानिक अभ्यास में बदलने में इसकी भूमिका की व्याख्या.

प्रायोगिक से रोगी बिस्तर तक और रोगी बिस्तर से प्रायोगिक तक: अनुवाद चिकित्सा की द्विदिशात्मक प्रकृति पर चर्चा, जिसमें बुनियादी अनुसंधान से नैदानिक अनुप्रयोगों और इसके विपरीत ज्ञान के प्रवाह को उजागर किया गया है.

सफल अनुवाद अनुसंधान के उदाहरण: वास्तविक दुनिया के उदाहरणों का प्रदर्शन कि कैसे अनुवाद अनुसंधान ने विभिन्न स्वास्थ्य क्षेत्रों में सफलताएं हासिल की हैं.

उभरते रुझान और प्रौद्योगिकियां: अनुवाद अनुसंधान को गति देने में अत्याधुनिक तकनीकों (जैसे, कृत्रिम बुद्धि, जीन संपादन) की भूमिका का अन्वेषण.

अध्याय 4: नैदानिक अनुसंधान और अनुवाद रणनीतियों का विलय 46

- अनुसंधान और अभ्यास का एकीकरण: नैदानिक अनुसंधान के निष्कर्षों को दैनिक स्वास्थ्य देखभाल प्रथाओं में शामिल करने के लिए रणनीतियों पर चर्चा.

- साझेदारी और सहयोग का निर्माण: सफल अनुवाद के लिए शोधकर्ताओं, चिकित्सकों और उद्योग हितधारकों के बीच सहयोग के महत्व को उजागर करना.

- संचार और ज्ञान प्रसार: स्वास्थ्य देखभाल पेशेवरों और जनता तक अनुसंधान के निष्कर्षों को पहुंचाने के लिए प्रभावी संचार माध्यमों के महत्व पर जोर देना.

- चुनौतियों का समाधान और नवाचार को बढ़ावा देना: नैदानिक अनुसंधान और अनुवाद रणनीतियों के विलय में आने वाली चुनौतियों की पहचान और समाधान, भविष्य के नवाचार के लिए प्रस्ताव और संभावनाएं.

रोगी परिणामों में सुधार: कैसे प्रभावी अनुवाद अनुसंधान से बेहतर रोगी देखभाल, व्यक्तिगत चिकित्सा और बेहतर स्वास्थ्य परिणाम प्राप्त हो सकते हैं, इस पर चर्चा.

सार्वजनिक स्वास्थ्य निहितार्थ: सार्वजनिक स्वास्थ्य पहलों, रोग की रोकथाम और स्वास्थ्य नीति पर अनुवाद अनुसंधान के व्यापक प्रभाव का पता लगाना.

स्वास्थ्य देखभाल असमानताओं को दूर करना: कैसे अनुवाद अनुसंधान स्वास्थ्य देखभाल असमानताओं को दूर करने और स्वास्थ्य देखभाल नवाचारों तक समान पहुंच सुनिश्चित करने में मदद कर सकता है, इस पर चर्चा.

स्वास्थ्य देखभाल का भविष्य: नैदानिक अनुसंधान और अनुवाद चिकित्सा में प्रगति के द्वारा संचालित स्वास्थ्य देखभाल के भविष्य की एक झलक.

विभिन्न स्वास्थ्य क्षेत्रों में नैदानिक अनुसंधान और अनुवाद रणनीतियों के सफल विलय के कई केस स्टडी शामिल करें.

प्रत्येक केस स्टडी में विशिष्ट शोध प्रश्न, कार्यप्रणाली, अनुवाद दृष्टिकोण और रोगी देखभाल या सार्वजनिक स्वास्थ्य पर प्रभाव का प्रदर्शन किया जाना चाहिए.

इन अवधारणाओं के वास्तविक दुनिया के अनुप्रयोग को स्पष्ट करने के लिए प्रत्येक केस स्टडी से व्यावहारिक उदाहरण और अनुभव प्रदान करें.

अध्याय 7: निष्कर्ष और भविष्य की दिशाएं   75

- पुस्तक के प्रमुख अंशों का सारांश: नैदानिक अनुसंधान और अनुवाद रणनीतियों के विलय के महत्व पर जोर देते हुए पुस्तक के प्रमुख निष्कर्षों का संक्षिप्त सारांश.

- भविष्य की दिशाएं और उभरते रुझान: अनुवाद चिकित्सा में भविष्य की दिशाओं और उभरते रुझानों पर चर्चा, आगे अनुसंधान और विकास के संभावित क्षेत्रों को उजागर करना.

- स्वस्थ भविष्य के लिए कार्रवाई का आह्वान: शोधकर्ताओं, चिकित्सकों और नीति निर्माताओं से एक स्वस्थ भविष्य के लिए अनुसंधान और अभ्यास के बीच की खाई को पाटने के लिए सक्रिय रूप से सहयोग करने का आह्वान.

Chapter 1: Introduction

Setting the stage: Briefly introduce the importance of healthcare advancements and the intersection of clinical research and translational strategies.

Defining terms: Clearly define key terms like clinical research, translational research, and their significance in healthcare progress.

Historical perspective: Briefly discuss the evolution of clinical research and translational medicine, highlighting key milestones and challenges.

Scope of the book: Briefly outline the key themes and topics covered in the subsequent chapters.

Chapter 1: Introduction

अध्याय 1: परिचय

स्वास्थ्य क्षितिज: नैदानिक अनुसंधान और अनुवाद रणनीतियों का विलय

भूमिका: स्वास्थ्य देखभाल की प्रगति का महत्व और नैदानिक अनुसंधान और अनुवाद रणनीतियों का संगम

एक स्वस्थ जीवन जीने की इच्छा मानव जाति के जितनी ही प्राचीन है। सदियों से, हमने बीमारियों को समझने, उनका इलाज करने और उन्हें रोकने के तरीके खोजने के लिए अथक प्रयास किया है। इस खोज में, स्वास्थ्य देखभाल में प्रगति का महत्व निर्विवाद है। यह प्रगति न केवल व्यक्तियों के जीवन को बेहतर बनाती है बल्कि पूरे समाज के स्वास्थ्य और कल्याण को भी प्रभावित करती है।

स्वास्थ्य देखभाल में प्रगति के केंद्र में नैदानिक अनुसंधान और अनुवाद रणनीतियों का संगम है। नैदानिक अनुसंधान वह प्रक्रिया है जिसके द्वारा नए उपचार, निदान और रोकथाम के तरीकों का परीक्षण किया जाता है। यह अनुसंधान अस्पतालों, क्लीनिकों और यहां तक कि लोगों के घरों में भी किया जा सकता है। अनुवाद रणनीतियां ये हैं जो अनुसंधान के निष्कर्षों को वास्तविक दुनिया के नैदानिक अभ्यास में लाती हैं। इसका मतलब है कि शोधकर्ताओं द्वारा खोजे गए नए ज्ञान को रोगियों को लाभ पहुंचाने के लिए उपयोगी उपकरणों, दवाओं और उपचारों में बदलना।

नैदानिक अनुसंधान और अनुवाद रणनीतियों के संगम का महत्व कई उदाहरणों से समझा जा सकता है:

कैंसर के उपचार में क्रांति: दशकों के नैदानिक अनुसंधान के बाद, कैंसर के इलाज के लिए अब कीमोथेरेपी, विकिरण और सर्जरी के अलावा लक्षित चिकित्सा, इम्यूनोथेरेपी और जीन थेरेपी जैसे नए विकल्प उपलब्ध हैं। इन नवाचारों ने कैंसर के रोगियों के लिए जीवन प्रत्याशा में उल्लेखनीय वृद्धि की है और जीवन की गुणवत्ता में सुधार किया है।

एचआईवी/एड्स महामारी का प्रबंधन: एचआईवी/एड्स के लिए प्रभावी उपचारों के विकास के बिना, यह बीमारी एक घातक महामारी बनी रहती। नैदानिक अनुसंधान के माध्यम से विकसित एंटीरेट्रोवाइरल थेरेपी (एआरटी) दवाओं ने एचआईवी को एक प्रबंधनीय स्थिति में बदल दिया है, जिससे संक्रमित व्यक्ति लंबे और स्वस्थ जीवन जी सकते हैं।

कोविड-19 महामारी का मुकाबला: कोविड-19 महामारी के सामने आने के बाद से रिकॉर्ड समय में टीकों और उपचारों का विकास नैदानिक अनुसंधान और अनुवाद रणनीतियों के सहयोग का एक शानदार उदाहरण है। वैज्ञानिकों ने दुनिया भर में मिलकर काम किया, नए ज्ञान को साझा किया और अभूतपूर्व गति से प्रभावी टीके विकसित किए।

ये मात्र कुछ उदाहरण हैं कि कैसे नैदानिक अनुसंधान और अनुवाद रणनीतियों का संगम मानव स्वास्थ्य पर सकारात्मक प्रभाव डाल रहा है। हालांकि, इस महत्वपूर्ण क्षेत्र में अभी भी कई चुनौतियां हैं। अनुसंधान के लिए धन की कमी, नैदानिक परीक्षणों में भाग लेने के लिए पर्याप्त प्रतिभागियों की भर्ती में कठिनाई और अनुसंधान के निष्कर्षों को व्यवहार में लाने में बाधाएं ऐसी ही कुछ चुनौतियां हैं।

इस पुस्तक में, हम इन चुनौतियों का पता लगाएंगे और नैदानिक अनुसंधान और अनुवाद रणनीतियों के क्षेत्र में प्रगति के लिए संभावित समाधानों पर चर्चा करेंगे।

परिभाषाएं: स्वास्थ्य देखभाल की प्रगति में नैदानिक अनुसंधान और अनुवाद रणनीतियों का महत्व

एक स्वस्थ राष्ट्र बनाने का सपना तभी साकार हो सकता है जब हमारे पास बीमारियों से लड़ने और लोगों के जीवन को बेहतर बनाने के लिए ज्ञान और उपकरण हों। यही वह जगह है जहां नैदानिक अनुसंधान और अनुवाद रणनीतियां एक साथ मिलकर चमत्कार करते हैं। लेकिन, क्या आप इन महत्वपूर्ण शब्दों का वास्तव में अर्थ समझते हैं? आइए, इन प्रमुख अवधारणाओं को परिभाषित करें और देखें कि वे स्वास्थ्य देखभाल की प्रगति में कैसे अनिवार्य रूप से जुड़ी हुई हैं।

1. नैदानिक अनुसंधान: प्रश्न पूछते हुए, उत्तर ढूंढते हुए

नैदानिक अनुसंधान, जैसा कि नाम से ही स्पष्ट है, वह वैज्ञानिक जांच की एक प्रक्रिया है जो सीधे रोगियों पर या उनके साथ की जाती है। यह मानव विषयों पर नैतिक रूप से संचालित अध्ययन के माध्यम से नए उपचार, निदान और रोकथाम के तरीकों का परीक्षण, मूल्यांकन और परिष्कृत करता है।

नैदानिक अनुसंधान के विभिन्न चरण होते हैं, प्रत्येक स्तर पर सुरक्षा और प्रभावकारिता के आकलन के साथ शोध प्रश्न को संकुचित किया जाता है। यह खोज की एक यात्रा है, जहां शोधकर्ता निदान, दवाओं, उपकरणों या प्रक्रियाओं की संभावना का पता लगाते हैं और उनके रोगियों के स्वास्थ्य पर पड़ने वाले प्रभाव का विश्लेषण करते हैं।

2. अनुवाद अनुसंधान: प्रयोगशाला से बिस्तर तक, बिस्तर से प्रयोगशाला तक

अनुवाद अनुसंधान एक पुल का काम करता है। यह प्रयोगशाला के भीतर पनपने वाले वैज्ञानिक खोजों को नैदानिक अभ्यास की वास्तविकता से

जोड़ता है। यह शोध परिणामों को रोगियों को लाभ पहुंचाने वाले व्यावहारिक उपचारों और उपकरणों में अनुवादित करने की प्रक्रिया है।

अनुवाद अनुसंधान का लक्ष्य न केवल यह सुनिश्चित करना है कि नई खोजें सुरक्षित और प्रभावी हैं, बल्कि यह भी है कि वे रोगियों की जरूरतों के अनुरूप हैं और मौजूदा स्वास्थ्य देखभाल प्रणाली में प्रभावी रूप से एकीकृत किए जा सकते हैं। इसमें संचार, सहयोग और ज्ञान के प्रसार को बढ़ावा देना शामिल है, ताकि वैज्ञानिकों, डॉक्टरों, नीति निर्माताओं और रोगियों के बीच जानकारी का स्वतंत्र रूप से प्रवाह हो सके।

3. जुड़ाव का नृत्य: स्वास्थ्य देखभाल की प्रगति का रहस्य

नैदानिक अनुसंधान और अनुवाद रणनीतियों को अलग-अलग इकाइयों के रूप में नहीं सोचना चाहिए, बल्कि एक ही सिक्के के दो पहलू मानना चाहिए। वे लगातार बातचीत करते हैं, एक दूसरे को सूचित करते हैं और स्वास्थ्य देखभाल की प्रगति को आगे बढ़ाने के लिए मिलकर काम करते हैं।

नैदानिक अनुसंधान अनुवाद अनुसंधान को वास्तविक दुनिया के डेटा और नैदानिक समस्याओं की जानकारी प्रदान करता है, जबकि अनुवाद अनुसंधान नैदानिक अनुसंधान को स्पष्ट दिशा और लक्ष्य देता है। यह पारस्परिक निर्भरता नवाचार को प्रेरित करती है और सुनिश्चित करती है कि शोध वास्तविक समस्याओं का समाधान करता है और रोगियों के जीवन पर सकारात्मक प्रभाव डालता है।

ऐतिहासिक परिप्रेक्ष्य: नैदानिक अनुसंधान और अनुवाद चिकित्सा का विकास, महत्वपूर्ण मील के पत्थर और चुनौतियां

मानव जाति ने सदियों से बीमारियों को समझने और उनका इलाज करने के लिए अथक प्रयास किया है। इस यात्रा में, नैदानिक अनुसंधान और अनुवाद चिकित्सा ने क्रांतिकारी प्रगति का मार्ग प्रशस्त किया है। आइए, अतीत में झांकें और देखें कि कैसे इन महत्वपूर्ण क्षेत्रों ने मानव स्वास्थ्य के क्षितिजों को विस्तारित किया है।

प्रारंभिक कदम: प्राचीन ज्ञान से आधुनिक पद्धति तक

नैदानिक अनुसंधान के आधुनिक रूप से पहले, चिकित्सा ज्ञान का विकास प्रायः परंपरा और अवलोकन पर आधारित था। हिप्पोक्रेट्स (460 ईसा पूर्व – 370 ईसा पूर्व) जैसे प्राचीन यूनानी चिकित्सकों ने रोगियों के अवलोकन से सीख लिया और उपचार के लिए प्राकृतिक उपचारों का इस्तेमाल किया। इस प्रकार के प्रारंभिक प्रयासों ने भविष्य के लिए मंच तैयार किया और अनुभवजन्य ज्ञान का एक आधार बनाया।

17वीं शताब्दी में, वैज्ञानिक क्रांति के साथ, नैदानिक अनुसंधान में अधिक व्यवस्थित दृष्टिकोण सामने आया। विलियम हार्वे ने रक्त परिसंचरण की प्रणाली का पता लगाया, जिसने चिकित्सा के सिद्धांतों को समझने में क्रांति ला दी। इसी अवधि में, एंटोनी वैन लीउवेनहॉक ने सूक्ष्मदर्शी का आविष्कार किया, जिससे मानव शरीर के रोग-कारक सूक्ष्मजीवों की पहचान करना संभव हुआ।

आधुनिक युग: वैज्ञानिक प्रगति और नैतिक चिंताएं

19वीं और 20वीं शताब्दी में, नैदानिक अनुसरण ने अभूतपूर्व प्रगति का अनुभव किया। लुई पाश्चर के रोगाणु सिद्धांत ने टीकाकरण के विकास का मार्ग प्रशस्त किया, जिसने चेचक, पोलियो और अन्य संक्रामक रोगों पर

अंकुश लगाया। इन्सुलिन की खोज ने लाखों मधुमेह रोगियों के जीवन को बदल दिया और एंटीबायोटिक दवाओं ने संक्रमण से होने वाली मौतों में नाटकीय कमी ला दी।

हालांकि, इन अविष्कारों के साथ नैतिक चिंताएं भी सामने आईं। वैज्ञानिक अन्वेषण की उत्सुकता में, कभी-कभी रोगियों के अधिकारों की अनदेखी की गई। टस्कगी सिफलिस अध्ययन और नाजी चिकित्सा प्रयोग जैसे ऐतिहासिक उदाहरणों ने नैदानिक अनुसंधान में नैतिक मानकों की आवश्यकता को स्पष्ट किया।

अनुवाद चिकित्सा का उदय: लैब से बिस्तर तक, बिस्तर से लैब तक

20वीं सदी के उत्तरार्ध में, अनुवाद चिकित्सा के रूप में जाना जाने वाला एक नया क्षेत्र उभरा। यह क्षेत्र बुनियादी वैज्ञानिक अनुसंधान की खोजों को नैदानिक अनुप्रयोगों में बदलने पर केंद्रित है। जीन थेरेपी, स्टेम सेल अनुसंधान और कम्प्यूटर-एडेड डायग्नोस्टिक्स जैसे विकास अनुवाद चिकित्सा के फल हैं।

हालांकि, अनुवाद चिकित्सा में भी अपनी अनूठी चुनौतियां हैं। बुनियादी विज्ञान से नैदानिक अभ्यास तक के रास्ते में कई बाधाएं हैं, जैसे कि धन की कमी, नैदानिक परीक्षणों में पर्याप्त प्रतिभागियों की भर्ती में कठिनाई और नियामक प्रक्रियाओं की जटिलता।

पुस्तक का दायरा: आगामी अध्यायों में शामिल प्रमुख विषय और शीर्षक

इस पुस्तक के माध्यम से आप नैदानिक अनुसंधान और अनुवाद रणनीतियों के सम्मिलित प्रयासों से तस्वीर बनते हुए देखेंगे, जो कि मानव स्वास्थ्य के क्षितिजों को विस्तारित कर रहे हैं। आने वाले अध्यायों में हम इस जटिल और गतिशील क्षेत्र की गहराई से पड़ताल करेंगे, प्रमुख विषयों पर प्रकाश डालेंगे और भविष्य की संभावनाओं पर चर्चा करेंगे।

अध्याय 2: नैदानिक अनुसंधान का परिदृश्य:

- इस अध्याय में हम आपको नैदानिक अनुसंधान के विभिन्न प्रकारों से परिचित कराएंगे, जैसे कि अवलोकन अध्ययन, हस्तक्षेपात्मक अध्ययन और नैदानिक परीक्षण।

- हम डेटा संग्रह और विश्लेषण के तरीकों, नैतिक सिद्धांतों के महत्व और इस महत्वपूर्ण क्षेत्र में वर्तमान चुनौतियों पर भी चर्चा करेंगे।

अध्याय 3: अनुवाद चिकित्सा: अंतर को पाटना:

- यह अध्याय अनुवाद चिकित्सा की अवधारणा को खोलेगा, यह दर्शाएगा कि कैसे प्रयोगशाला में किए गए खोजों को रोगियों के लिए उपयोगी उपचारों में बदला जाता है।

- हम अनुवाद प्रक्रिया के प्रमुख चरणों पर ध्यान देंगे, जिसमें नैदानिक परीक्षणों का डिजाइन, नियामक अनुमोदन और नए ज्ञान का व्यावहारिक अनुप्रयोग शामिल है।

अध्याय 4: नैदानिक अनुसंधान और अनुवाद रणनीतियों का विलय:

इस अध्याय में हम देखेंगे कि कैसे नैदानिक अनुसंधान और अनुवाद रणनीतियां एक दूसरे के पूरक हैं और मिलकर चिकित्सा विज्ञान को आगे बढ़ाते हैं।

हम शोधकर्ताओं, चिकित्सकों, उद्योग जगत और नीति निर्माताओं के बीच सहयोग के महत्व पर जोर देंगे और सफल अनुवाद के लिए आवश्यक प्रमुख रणनीतियों पर चर्चा करेंगे।

अध्याय 5: रोगी देखभाल और सार्वजनिक स्वास्थ्य पर प्रभाव:

यह अध्याय नैदानिक अनुसंधान और अनुवाद रणनीतियों के सकारात्मक प्रभावों को उजागर करेगा, जिसमें बेहतर रोगी परिणाम, व्यक्तिगत चिकित्सा का विकास और सार्वजनिक स्वास्थ्य पहलों को मजबूत बनाना शामिल है।

हम चिकित्सा असमानताओं को दूर करने और सभी के लिए गुणवत्तापूर्ण स्वास्थ्य देखभाल तक पहुंच सुनिश्चित करने के लिए इन क्षेत्रों की भूमिका पर भी विचार करेंगे।

अध्याय 6: केस स्टडीज:

सैद्धांतिक चर्चा से आगे बढ़ते हुए, यह अध्याय वास्तविक दुनिया के उदाहरणों के माध्यम से अवधारणाओं को स्पष्ट करेगा।

हम विभिन्न स्वास्थ्य क्षेत्रों में सफल अनुवाद परियोजनाओं के केस स्टडीज का अध्ययन करेंगे, जहां नैदानिक अनुसंधान के निष्कर्षों को सफलतापूर्वक नैदानिक अभ्यास में लाया गया है।

अध्याय 7: निष्कर्ष और भविष्य की दिशाएं:

- पुस्तक के समापन में, हम प्रमुख निष्कर्षों को संक्षेप में प्रस्तुत करेंगे और नैदानिक अनुसंधान और अनुवाद रणनीतियों के क्षेत्र में भविष्य की संभावनाओं पर चर्चा करेंगे।

- हम उभरते रुझानों, नई तकनीकों और इस महत्वपूर्ण क्षेत्र में प्रगति के लिए आवश्यक चुनौतियों और समाधानों पर प्रकाश डालेंगे।

इस पुस्तक के माध्यम से हम न केवल नैदानिक अनुसंधान और अनुवाद रणनीतियों के जटिल जगत की खोज करेंगे, बल्कि यह भी देखेंगे कि कैसे मानव जाति अपने स्वास्थ्य की सीमाओं को बढ़ा रहा है।

Chapter 2: The Landscape of Clinical Research

Types of clinical research: Explore different types of clinical research (observational, interventional, etc.) and their specific applications.

Research design and methodology: Delve into the principles of research design, including study design, data collection, and analysis methods.

Ethical considerations: Discuss the importance of ethical principles in clinical research, focusing on informed consent, participant safety, and data privacy.

Chapter 2: The Landscape of Clinical Research

अध्याय 2: नैदानिक अनुसंधान का परिदृश्य

नैदानिक अनुसंधान के विविध स्वरूप: खोज की एक यात्रा

मानव स्वास्थ्य की गहराइयों में गहराई से गोता लगाते हुए, नैदानिक अनुसंधान एक शक्तिशाली लेंस की तरह काम करता है। यह सिर्फ सवाल पूछने से कहीं आगे जाता है, बल्कि उत्तर खोजना चाहता है। लेकिन क्या आप जानते हैं कि नैदानिक अनुसंधान एक नहीं, बल्कि अनेक रूपों में प्रकट होता है? आइए, विभिन्न प्रकार के नैदानिक अनुसंधान की यात्रा पर निकलें और देखें कि कैसे ये विशिष्ट तरीके चिकित्सा विज्ञान की गाड़ी को आगे बढ़ाते हैं।

1. प्रेक्षण से अंतर्दृष्टि: अवलोकन अध्ययन

जैसा कि नाम से ही स्पष्ट है, अवलोकन अध्ययन में शोधकर्ता रोगियों के एक समूह का बारीकी से निरीक्षण करते हैं, उनकी दैनिक गतिविधियों, परिवर्तनों और स्वास्थ्य स्थितियों की जानकारी एकत्रित करते हैं। हालांकि, वे किसी भी तरह से सीधे हस्तक्षेप नहीं करते। यह किसी बीमारी के कारणों, जोखिम कारकों और प्राकृतिक इतिहास को समझने का एक सूक्ष्म और महत्वपूर्ण तरीका है।

कल्पना कीजिए, एक व्यापक अवलोकन अध्ययन यह संकेत देता है कि धूम्रपान करने वालों में हृदय रोग का खतरा बढ़ जाता है। इस तरह के अध्ययन सार्वजनिक स्वास्थ्य नीतियों को निर्देशित करते हैं और रोग की रोकथाम के लिए ठोस रणनीतियां विकसित करने में आधार का निर्माण करते हैं।

2. सक्रिय खोज: हस्तक्षेपात्मक अध्ययन

हस्तक्षेपात्मक अध्ययन में शोधकर्ता निष्क्रिय पर्यवेक्षक नहीं रहते, वे सक्रिय रूप से भाग लेते हैं। रोगियों के एक समूह में वे किसी नई दवा का प्रशासन करते हैं, एक नया सर्जिकल तरीका अपनाते हैं या कोई निश्चित उपचार देते हैं। फिर वे इस हस्तक्षेप के प्रभावों का बारीकी से विश्लेषण करते हैं और एक नियंत्रण समूह से उनकी तुलना करते हैं, जो समान रोग से ग्रस्त हो सकता है, लेकिन हस्तक्षेप प्राप्त नहीं करता है।

नैदानिक परीक्षण हस्तक्षेपात्मक अध्ययन का सबसे विशिष्ट उदाहरण हैं। ये परीक्षण नए उपचारों, चिकित्सा उपकरणों और प्रक्रियाओं की सुरक्षा और प्रभावकारिता का मूल्यांकन करने के लिए आयोजित किए जाते हैं। उदाहरण के लिए, एक नई मधुमेह दवा का नैदानिक परीक्षण यह निर्धारित करेगा कि क्या यह रक्त शर्करा के स्तर को नियंत्रित करने में प्रभावी है और इसके क्या संभावित दुष्प्रभाव हो सकते हैं।

हस्तक्षेपात्मक अध्ययन को दो उप-श्रेणियों में विभाजित किया जा सकता है:

नियंत्रित परीक्षण: रोगियों को यादृच्छिक रूप से उपचार समूह या नियंत्रण समूह में विभाजित किया जाता है। यह अध्ययन को और अधिक विश्वसनीय बनाता है क्योंकि यह अन्य कारकों के प्रभाव को कम करता है जो रोगियों के परिणामों को प्रभावित कर सकते हैं।

अनियंत्रित परीक्षण: रोगियों को एकल समूह में अध्ययन किया जाता है और नियंत्रण समूह नहीं होता है। इन अध्ययनों का उपयोग अक्सर नए उपचारों के प्रारंभिक मूल्यांकन के लिए किया जाता है, लेकिन साक्ष्य की तुलना में हस्तक्षेपात्मक अध्ययन कम मजबूत माने जाते हैं।

3. बड़ी तस्वीर को समझना: महामारी विज्ञान अध्ययन

महामारी विज्ञान अध्ययन में एक क्षेत्रीय, राष्ट्रीय या यहां तक कि वैश्विक जनसंख्या पर ध्यान केंद्रित किया जाता है। ये अध्ययन बड़ी आबादी में बीमारी के पैटर्न, कारणों और जोखिम कारकों की गहन जांच करते हैं। ये अक्सर अवलोकन अध्ययन होते हैं और बड़ी मात्रा में डेटा का विश्लेषण करते हैं, जैसे कि जनसंख्या डेटा, चिकित्सा रिकॉर्ड और पर्यावरण डेटा।

स्वास्थ्य क्षितिज: नैदानिक अनुसंधान की यात्रा - डिजाइन और कार्यपद्धति का गहन अन्वेषण

नैदानिक अनुसंधान एक जटिल यात्रा है - सवाल पूछने से लेकर खोज की गहराइयों तक। लेकिन इस यात्रा की सफलता का आधार एक मजबूत नींव पर टिका होता है, जिसे शोध डिजाइन और कार्यपद्धति कहा जाता है। आइए, इस अध्याय में इसी नींव की बारीकी से जांच करें और देखें कि कैसे ये सिद्धांत नैदानिक अनुसंधान को विश्वसनीय, सार्थक और जीवन-परिवर्तित परिणामों तक ले जाते हैं।

1. अध्ययन डिजाइन: यात्रा का नक्शा तैयार करना

अध्ययन डिजाइन शोध का खाका होता है, वह मंचन होता है जहां सवालों के उत्तर तलाशे जाते हैं। यह प्रारंभिक बिंदु है, जो तय करता है कि शोध कैसे आयोजित किया जाएगा, डेटा कैसे एकत्र किया जाएगा और परिणामों का विश्लेषण कैसे किया जाएगा। विभिन्न प्रकार के अध्ययन डिजाइन मौजूद हैं, प्रत्येक अपनी विशिष्ट शक्तियों और कमजोरियों के साथ:

अवलोकन अध्ययन: इन अध्ययनों में शोधकर्ता रोगियों के एक समूह का निरीक्षण करते हैं और डेटा एकत्रित करते हैं, लेकिन वे किसी भी तरह से हस्तक्षेप नहीं करते। केस-कंट्रोल और कोहॉर्ट अध्ययन अवलोकन अध्ययन के दो प्रमुख प्रकार हैं।

हस्तक्षेपात्मक अध्ययन: इन अध्ययनों में शोधकर्ता रोगियों के एक समूह में नया उपचार, दवा या प्रक्रिया देते हैं और उनके प्रभावों का विश्लेषण करते हैं। नैदानिक परीक्षण हस्तक्षेपात्मक अध्ययन का सबसे प्रसिद्ध उदाहरण है।

- महामारी विज्ञान अध्ययन: ये बड़े स्तर पर आबादी का अध्ययन करते हैं, रोग के प्रसार, कारणों और जोखिम कारकों को समझने के लिए डेटा का विश्लेषण करते हैं।

चाहे वह किसी दवा की प्रभावकारिता का परीक्षण हो या किसी बीमारी के जोखिम कारकों की पहचान, अध्ययन डिजाइन का लक्ष्य स्पष्ट, प्रासंगिक और उत्तरदायी शोध सुनिश्चित करना है।

2. डेटा संग्रह: सटीकता की खोज

डेटा किसी भी नैदानिक अनुसंधान का रक्त है। यह वह कच्चा माल है जिससे निष्कर्ष निकाले जाते हैं और अंतर्दृष्टि जन्म लेती है। लेकिन डेटा कितना ही समृद्ध क्यों न हो, अगर उसे सही तरीके से एकत्र नहीं किया गया है तो वह गलत निष्कर्ष दे सकता है। इसलिए, डेटा संग्रह की विधि सावधानीपूर्वक चयनित और निष्पादित की जानी चाहिए। इसमें शामिल हो सकते हैं:

- प्रश्नावली और साक्षात्कार: रोगियों से सीधे जानकारी इकट्ठा करने का शानदार तरीका है। लेकिन प्रश्नावली स्पष्ट, संक्षिप्त और पूर्वाग्रह से मुक्त होने चाहिए।

- चिकित्सा रिकॉर्ड और डेटाबेस: पहले से मौजूद डेटा एक मूल्यवान संसाधन हो सकता है, लेकिन इसकी गुणवत्ता और पूर्णता की सावधानीपूर्वक जांच की जानी चाहिए।

- प्रयोगशाला परीक्षण और नैदानिक परीक्षण: ये विशिष्ट प्रक्रियाएं सटीक और उद्देश्यपूर्ण डेटा प्रदान करती हैं, लेकिन इनमें संसाधन और समय दोनों की आवश्यकता होती है।

प्रत्येक नैदानिक अनुसंधान परियोजना के लिए उपयुक्त डेटा संग्रह विधि का चयन करना महत्वपूर्ण है। यह सुनिश्चित करता है कि एकत्रित डेटा अध्ययन के सवालों का सटीक और विश्वसनीय उत्तर दे सके।

3. डेटा विश्लेषण: डेटा को ज्ञान में बदला जा रहा है

एकत्रित डेटा खजाने की तरह है, लेकिन इसमें छिपे हुए रत्नों को निकालने के लिए सही उपकरणों की आवश्यकता होती है। यही वह जगह है जहां डेटा विश्लेषण के कौशल सामने आते हैं।

स्वास्थ्य क्षितिज: नैदानिक अनुसंधान की यात्रा - नैतिकता का सुनहरा धागा

नैदानिक अनुसंधान मानवता की भलाई के लिए ज्ञान के ध्वज को ऊंचा उठाता है। लेकिन यह खोज की यात्रा नैतिकता के सुनहरे धागे से बुनी जानी चाहिए, जहां मानव की गरिमा और संरक्षण सर्वोपरि है। आइए, इस अध्याय में उन सिद्धांतों को गहराई से देखें जो नैदानिक अनुसंधान की नींव में नैतिकता को मजबूती से टिकाते हैं।

1. सूचित सहमति: स्वायत्तता का प्रहरी

सूचित सहमति नैदानिक अनुसंधान का कोने का पत्थर है। इसमें रोगियों को स्पष्ट, सरल और निष्पक्ष तरीके से शोध अध्ययन के बारे में पूरी जानकारी देना शामिल है, जिसमें शामिल हैं:

- अध्ययन का उद्देश्य और प्रक्रियाएं

- संभावित लाभ और जोखिम

- स्वैच्छिक सहभागिता का अधिकार और किसी भी समय पीछे हटने का विकल्प

- गोपनीयता और डेटा सुरक्षा प्रक्रियाएं

- किसी भी प्रश्न या चिंता को उठाने के लिए संपर्क जानकारी

सूचित सहमति सुनिश्चित करती है कि रोगी अपने स्वास्थ्य के बारे में निर्णय लेने में पूरी तरह से सक्षम हों। यह उनके स्वायत्तता और सम्मान का सम्मान करता है और किसी भी तरह के दबाव या शोषण से मुक्त वातावरण बनाता है।

2. प्रतिभागी सुरक्षा: सर्वोच्च प्राथमिकता

नैदानिक अनुसंधान में नया ज्ञान खोजना भले ही कितना महत्वपूर्ण हो, रोगियों का शारीरिक और मानसिक कल्याण सर्वोच्च प्राथमिकता है। यह सुनिश्चित करना शोधकर्ताओं की नैतिक जिम्मेदारी है कि अध्ययन प्रतिभागियों को किसी भी अनुचित जोखिम के अधीन नहीं किया जाता है। इस लक्ष्य को प्राप्त करने के लिए कई उपाय किए जाते हैं:

संभावित जोखिमों का सावधानीपूर्वक मूल्यांकन: अध्ययन शुरू होने से पहले सभी संभावित जोखिमों को पहचाना और उनका आकलन किया जाता है। लाभों के साथ इन जोखिमों को प्रतिभागियों के सामने प्रस्तुत किया जाता है ताकि वे सूचित निर्णय ले सकें।

सख्त सुरक्षा निगरानी प्रणाली: अध्ययन के दौरान प्रतिभागियों की लगातार निगरानी की जाती है और किसी भी प्रतिकूल प्रभाव को तुरंत पहचाना और प्रबंधित किया जाता है।

आपातकालीन प्रक्रियाएं: किसी भी अप्रत्याशित परिस्थिति से निपटने के लिए स्पष्ट आपातकालीन प्रक्रियाएं निर्धारित की जाती हैं।

प्रतिभागी सुरक्षा नैतिक दायित्व से ज्यादा, जीवन और कल्याण का संकल्प है। यह सुनिश्चित करता है कि नैदानिक अनुसंधान मानवता के लिए प्रगति का साधन बने, हानि का नहीं।

3. डेटा गोपनीयता: विश्वास का वचन

नैदानिक अनुसंधान में प्रतिभागियों का व्यक्तिगत डेटा एकत्रित किया जाता है, जिसमें मेडिकल रिकॉर्ड, आनुवंशिक जानकारी और व्यक्तिगत विवरण शामिल हो सकते हैं। इस जानकारी का उचित प्रबंधन और सुरक्षा करना शोधकर्ताओं का एक और नैतिक दायित्व है। इसमें शामिल हैं:

गोपनीयता नीतियों का स्पष्ट अनुपालन: प्रतिभागियों को बताया जाता है कि उनका डेटा कैसे एकत्रित, संग्रहीत और उपयोग किया जाएगा। डेटा

के गुमनामीकरण या अनामकरण जैसे उपायों का उपयोग गोपनीयता को और मजबूत बनाने के लिए किया जाता है।

- साइबर सुरक्षा प्रोटोकॉल का कार्यान्वयन: कठोर डेटा सुरक्षा प्रोटोकॉल लागू किए जाते हैं ताकि किसी भी अनधिकृत पहुंच या डेटा उल्लंघन को रोका जा सके।

Chapter 3: Translational Medicine: Bridging the Gap

Conceptualizing translational medicine: Explain the concept of translational medicine and its role in translating research findings into clinical practice.

Bench-to-bedside and bedside-to-bench: Discuss the bidirectional nature of translational medicine, highlighting the flow of knowledge from basic research to clinical applications and vice versa.

Examples of successful translational research: Showcase real-world examples of how translational research has led to breakthroughs in various healthcare fields.

Emerging trends and technologies: Explore the role of cutting-edge technologies (e.g., artificial intelligence, gene editing) in accelerating translational research.

Chapter 3: Translational Medicine: Bridging the Gap

अध्याय 3: अनुवाद चिकित्सा: अंतर को पाटना

स्वास्थ्य क्षितिज: नैदानिक अनुसंधान की यात्रा - अनुवाद चिकित्सा का जादुई पुल

नैदानिक अनुसंधान के क्षेत्र में प्रगति मानव शरीर की गहराइयों में खोजी गई नई संभावनाओं के कोषागार की तरह होती है। लेकिन इन अविष्कारों का असली जादू तब होता है जब वे प्रयोगशाला की दीवारों को पार कर रोगियों के बिस्तर तक पहुंचते हैं। यही वह जगह है जहां अनुवाद चिकित्सा सामने आती है, एक अवधारणा जो वैज्ञानिक खोजों को ठोस इलाज और व्यावहारिक उपचारों में बदल देती है।

अनुवाद चिकित्सा एक पुल का निर्माण करती है, बुनियादी वैज्ञानिक खोजों को नैदानिक अभ्यास की वास्तविकताओं से जोड़ती है। यह दवाओं, चिकित्सा उपकरणों, और उपचारों के विकास की प्रक्रिया को गति प्रदान करती है, सुनिश्चित करती है कि प्रयोगशाला में जो संभावनाएं दिखती हैं, वे रोगियों के लिए सार्थक उपचार में बदल जाएं।

अनुवाद चिकित्सा के मुख्य चरण:

1. बुनियादी वैज्ञानिक अनुसंधान: यह यात्रा की शुरुआत है, जहां वैज्ञानिक कोशिकाओं, जीनों, और जीवन के रासायनिक रहस्यों का अध्ययन करते हैं। वे रोगों के मूल कारणों को समझने और नए उपचारों के लिए लक्ष्य खोजने का प्रयास करते हैं।

2. क्लिनिकल अनुसंधान: यहां प्रयोगशाला से कदम बाहर निकलते हैं। वादे वाले उपचारों का रोगियों पर परीक्षण किया जाता है, सुरक्षा और

प्रभावकारिता का सावधानीपूर्वक मूल्यांकन किया जाता है। नैदानिक परीक्षण यह निर्धारित करते हैं कि क्या नया उपचार सुरक्षित और रोगियों के लिए फायदेमंद है।

नियामक अनुमोदन: सफल नैदानिक परीक्षणों के बाद, नए उपचारों को सुरक्षा और प्रभावकारिता के लिए सख्त सरकारी मानकों को पूरा करना चाहिए। यह प्रक्रिया सुनिश्चित करती है कि बाजार में आने वाले उपचार रोगियों के लिए सुरक्षित और प्रभावी हैं।

नैदानिक अभ्यास में एकीकरण: अनुमोदित उपचार तब डॉक्टरों के हाथों में पहुंचते हैं, जो उन्हें अपने रोगियों के लिए निर्धारित करते हैं। रियल-वर्ल्ड डेटा इकट्ठा किया जाता है और लगातार मॉनिटरिंग की जाती है, यह सुनिश्चित करते हुए कि नया उपचार प्रभावी और रोगियों की जरूरतों के अनुरूप है।

अनुवाद चिकित्सा के लाभ:

बेहतर रोगी परिणाम: नए उपचार, दवाएं और उपकरण रोगों के इलाज में अधिक प्रभावी हो सकते हैं, जीवन प्रत्याशा बढ़ा सकते हैं और जीवन की गुणवत्ता में सुधार कर सकते हैं।

व्यक्तिगत चिकित्सा का विकास: अनुवाद चिकित्सा प्रत्येक रोगी की विशिष्ट आनुवंशिक और जैविक मेकअप के आधार पर उपचारों को निजीकृत करने में मदद कर सकती है।

रोग का रोकथाम और प्रबंधन: अनुवाद चिकित्सा न केवल उपचार बल्कि रोगों की रोकथाम और प्रबंधन के लिए भी नई रणनीतियों का विकास करती है। यह स्वस्थ आबादी और कम स्वास्थ्य देखभाल लागत का मार्ग प्रशस्त कर सकती है।

अनुवाद चिकित्सा की चुनौतियां:

- उच्च लागत: नई दवाओं और उपचारों के विकास में भारी वित्तीय संसाधन लगते हैं। यह अनुवाद प्रक्रिया को धीमा कर सकता है और नवाचारों को सभी के लिए सुलभ नहीं बना सकता है।

- नियामक जटिलताएं: सख्त नियामक प्रक्रियाएं यह सुनिश्चित करती हैं कि सुरक्षित और प्रभावी उपचार बाजार में आएं, लेकिन वे अनुवाद प्रक्रिया को जटिल और समय लेने वाला भी बना सकती हैं।

स्वास्थ्य क्षितिज: नैदानिक अनुसंधान की यात्रा - बिस्तर से प्रयोगशाला, प्रयोगशाला से बिस्तर: अनुवाद चिकित्सा का दोतरफा नृत्य

अनुवाद चिकित्सा एक जादुई पुल है जो प्रयोगशाला की खोजों को रोगियों के बिस्तर तक पहुंचाता है। लेकिन यह एकतरफा पुल नहीं है। यह ज्ञान, अनुभव और खोज का नृत्य है, जहां बिस्तर से उठने वाला सत्य प्रयोगशाला की दीवारों को हिला देता है और प्रयोगशाला की चमक बिस्तर तक प्रकाश फैलाती है। आइए, इस दोतरफा नृत्य का अन्वेषण करें और देखें कि कैसे अनुवाद चिकित्सा ज्ञान के चक्र को गति प्रदान करती है।

बिस्तर से प्रयोगशाला: रोगियों से दिशा

नैदानिक चिकित्सा जगत हर रोज अनगिनत कहानियों से गूंजता है - रोगियों के अनुभव, उपचारों की सफलता और असफलता, और अनसुलझी पहेलियां। ये कहानियां अनुवाद चिकित्सा के लिए दिशा का काम करती हैं, बिस्तर से उठने वाली समस्याएं प्रयोगशाला के दरवाजे खटखटाती हैं। उदाहरण के लिए:

एक कैंसर रोगी के शरीर में दवा का अप्रत्याशित दुष्प्रभाव एक नया जीनोटाइप या चयापचय मार्ग की ओर इशारा कर सकता है, जो आगे के शोध का आधार बन सकता है।

एक क्रोनिक रोग के उपचार में अप्रभावी होने का मतलब यह नहीं है कि उपचार निरर्थक है। बिस्तर की विफलता प्रयोगशाला को यह अनुसंधान करने के लिए प्रेरित कर सकती है कि उपचार को किस आबादी या किस संयोजन में अधिक प्रभावी बनाया जा सकता है।

महामारी का प्रकोप रोग के ट्रांसमिशन, बचाव या उपचार के बारे में अज्ञात पहलुओं पर तीव्र शोध को प्रेरित करता है।

इस तरह, रोगियों का अनुभव नई खोजों के लिए प्रेरणा का स्रोत होता है। बिस्तर से उठने वाले प्रश्न प्रयोगशाला में नवाचारों का बीज बोते हैं।

प्रयोगशाला से बिस्तर: खोजों का प्रकाश

प्रयोगशालाएं सूक्ष्मदर्शी और कोड लाइनों से भरे ज्ञान के भंडार हैं। यहां बुनियादी जीव विज्ञान से लेकर जीन तकनीक तक, विज्ञान के अत्याधुनिक उपकरण अनगिनत संभावनाओं की खोज करते हैं। ये खोजें बिस्तर तक ज्ञान की रोशनी का मार्ग प्रशस्त करती हैं:

- नई दवाओं का जन्म लेना, जो विशिष्ट आनुवंशिक म्यूटेशन को लक्षित कर कैंसर कोशिकाओं से युद्ध करते हैं।

- जीन थेरेपी तकनीकों का विकास, जो वंशानुगत रोगों के लिए इलाज का मार्ग प्रशस्त करते हैं।

- कृत्रिम बुद्धि और बायोइन्फॉर्मेटिक्स का उपयोग, जो रोग के निदान और उपचार में सटीकता और व्यक्तिगत स्पर्श लाते हैं।

प्रयोगशाला की खोजें रोगियों के लिए नए उपचार और आशा का संचार करती हैं। वे नैदानिक परीक्षणों का मार्ग प्रशस्त करती हैं, जहां ये वादे सुरक्षा और प्रभावकारिता के कठोर मानकों का सामना करते हैं।

दोतरफा नृत्य का लय:

अनुवाद चिकित्सा का सार इस दोतरफा नृत्य में ही छिपा है। यही वह लय है जो ज्ञान के चक्र को गति प्रदान करती है। रोगियों के अनुभव से उठने वाले सवाल प्रयोगशाला के दरवाजे खटखटाते हैं, और प्रयोगशाला की खोजें बिस्तर तक आशा का प्रकाश फैलाती हैं।

स्वास्थ्य क्षितिज: नैदानिक अनुसंधान की यात्रा - सफल अनुवाद का प्रकाश: विभिन्न क्षेत्रों में सफल अनुवाद अनुसंधान के उदाहरण

नैदानिक अनुसंधान और उसके अनुवाद की कहानी सिर्फ सिद्धांतों और संकल्पनाओं का जाल नहीं है। यह असली मरीजों, वास्तविक समस्याओं और उम्मीद की किरणों से बुनी हुई कहानी है। आइए, विभिन्न स्वास्थ्य क्षेत्रों की यात्रा पर निकलें और देखें कि कैसे सफल अनुवाद अनुसंधान ने चिकित्सा विज्ञान की सीमाओं को आगे बढ़ाया है।

1. कैंसर का मुकाबला: जीनों की लड़ाई

चुनौती: कैंसर की जटिलता और विविधता, पारंपरिक उपचारों की सीमाएं।

अनुवाद की शक्ति: जीनोटाइपिंग जैसी तकनीकों के विकास ने डॉक्टरों को ट्यूमर के आनुवंशिक मेकअप की पहचान करने और लक्षित चिकित्सियों की ओर रुख करने की अनुमति दी है। उदाहरण के लिए, दवा ट्रास्टुजुमाब HER2+ रिसेप्टर वाले स्तन कैंसर के इलाज में बेहतर परिणाम दिखाता है।

प्रभाव: कैंसर की विशिष्ट प्रकारों के लिए अधिक प्रभावी और कम दुष्प्रभाव वाले उपचार, रोगियों के लिए बेहतर जीवन प्रत्याशा और जीवन की गुणवत्ता में सुधार।

2. मधुमेह का प्रबंधन: व्यक्तिगत स्पर्श

चुनौती: टाइप 1 और टाइप 2 मधुमेह के कारण होने वाले जटिलताओं का प्रबंधन, एक आकार-फिट-सभी दृष्टिकोण की सीमाएं।

अनुवाद की शक्ति: आनुवंशिक विश्लेषण और जीनोमिक्स ने डॉक्टरों को मधुमेह के विभिन्न उपप्रकारों की पहचान करने और उपचार को रोगी के विशिष्ट जीनोटाइप और चयापचय के अनुरूप बनाने में सक्षम बनाया है।

उदाहरण के लिए, दवा एसजीएलटी2 इन्हिबिटर्स कुछ आनुवंशिक रूपों वाले टाइप 2 मधुमेह रोगियों में विशेष रूप से प्रभावी हो सकते हैं।

- प्रभाव: व्यक्तिगत उपचार योजनाओं का विकास, बेहतर रक्त शर्करा नियंत्रण, मधुमेह संबंधी जटिलताओं का कम जोखिम।

3. न्यूरोडीजेनेरेटिव रोगों की लड़ाई: आशा की उम्मीद

- चुनौती: अल्जाइमर और पार्किंसंस जैसे रोगों का निदान और उपचार की जटिलता, प्रगतिशील न्यूरोडीजेनेरेटिव प्रकृति।

- अनुवाद की शक्ति: पॉजिट्रॉन एमिशन टोमोग्राफी (पीईटी) जैसे इमेजिंग तकनीकों और आनुवंशिक मार्करों की पहचान से रोगों के शुरुआती निदान और रोग प्रगति की निगरानी करना संभव हो गया है। साथ ही, जीन थेरेपी और स्टेम सेल तकनीकों में अनुसंधान भविष्य में इलाज की संभावना को दर्शाता है।

- प्रभाव: बेहतर निदान और रोग प्रगति की समझ, नए उपचारों के क्लिनिकल परीक्षण में भाग लेने का अवसर, भविष्य में इलाज की आशा।

4. वैश्विक चुनौतियों का समाधान: संक्रामक रोगों से लड़ना

- चुनौती: मलेरिया, एचआईवी/एड्स और टीबी जैसे संक्रामक रोगों का वैश्विक बोझ, दवा प्रतिरोध का उभरता खतरा।

- अनुवाद की शक्ति: वैक्सीन अनुसंधान में सफलताएं मलेरिया और हेपेटाइटिस बी जैसे रोगों के लिए प्रभावी टीकों का विकास हुआ है।

स्वास्थ्य क्षितिज: नैदानिक अनुसंधान की यात्रा - उभरते रुझान और तकनीकें: अनुवाद चिकित्सा में नवाचार का प्रचंड नृत्य

नैदानिक अनुसंधान की यात्रा सिर्फ प्रयोगशाला और बिस्तर के बीच संवाद का पुल नहीं है, यह अन्वेषण और नवाचार का एक चक्रव्यूह भी है। इस चक्रव्यूह में आज सबसे तेज रोशनी फैलाते हैं कट्टर तकनीकें - आर्टिफिशियल इंटेलिजेंस (एआई), जीन एडिटिंग, रोबोटिक्स और बहुत कुछ। आइए, इन अत्याधुनिक तकनीकों की दुनिया में गहराई से देखें और उनकी शक्ति से अनुवाद चिकित्सा के भविष्य का अनुमान लगाएं।

1. आर्टिफिशियल इंटेलिजेंस का जादू:

दवा खोज का तीव्र गति से विकास: एआई एल्गोरिदम विशाल डेटासेट का विश्लेषण कर संभावित दवा के उम्मीदवारों की पहचान कर सकते हैं, पारंपरिक तरीकों से दशकों लगने वाली प्रक्रिया को मिनटों में कर सकते हैं। यह नई दवाओं के विकास को तेज गति प्रदान करता है।

रोग निदान में सटीकता का प्रकाश: एआई मेडिकल इमेजिंग, जीनोमिक डेटा और इलेक्ट्रॉनिक स्वास्थ्य रिकॉर्ड का विश्लेषण कर रोगों का सटीक और शीघ्र निदान कर सकता है, जिससे समय पर उपचार शुरू करने का अवसर मिलता है।

व्यक्तिगत उपचार का मार्गदर्शन: एआई रोगी के विशिष्ट जीनोमिक और क्लिनिकल प्रोफाइल के आधार पर सबसे प्रभावी उपचार की सिफारिश कर सकता है, व्यक्तिगत चिकित्सा के युग का मार्ग प्रशस्त करता है।

2. जीन एडिटिंग का संभावित क्रांति:

वंशानुगत रोगों का इलाज: CRISPR-Cas9 जैसी जीन एडिटिंग तकनीकें डीएनए में वांछित परिवर्तन करने की क्षमता रखती हैं, जिससे आनुवंशिक बीमारियों के इलाज की संभावना को जन्म देती हैं। उदाहरण के

लिए, सिकल सेल एनीमिया जैसे रोगों के लिए जीन थेरेपी पर शोध तेजी से आगे बढ़ रहा है।

- कैंसर उपचार का नया अध्याय: जीन एडिटिंग कैंसर कोशिकाओं के विशिष्ट जीन में बदलाव करके उन्हें लक्षित कर सकती है, जिससे नए और अधिक प्रभावी कैंसर उपचार विकसित करने का मार्ग प्रशस्त होता है।

- नैतिक पहलुओं पर सावधानीपूर्वक विचार: जीन एडिटिंग की अपार क्षमता के साथ नैतिक चिंताएं भी जुड़ी हैं। इन तकनीकों के उपयोग को सावधानीपूर्वक विचार और सख्त नैतिक दिशानिर्देशों की आवश्यकता है।

3. रोबोटिक्स का सूक्ष्म स्पर्श:

- न्यूनतम इनवेसिव सर्जरी का परिष्कृत भविष्य: रोबोटिक सर्जरी प्रणालियां डॉक्टरों को छोटे चीरों के माध्यम से जटिल ऑपरेशन करने की अनुमति देती हैं, जिससे कम रक्तस्राव, कम दर्द और तेजी से ठीक होने का लाभ मिलता है।

- दूरस्थ सर्जरी की संभावना: रोबोटिक तकनीक डॉक्टरों को दूरस्थ स्थानों में रहने वाले रोगियों का इलाज करने की अनुमति दे सकती है, विशेष रूप से ग्रामीण और अस्पताल से दूर के इलाकों में।

- नैदानिक प्रक्रियाओं का स्वचालन: रोबोटिक्स का उपयोग रक्त परीक्षण, दवा वितरण और अन्य नैदानिक प्रक्रियाओं को स्वचालित करने में किया जा सकता है, जिससे स्वास्थ्य देखभाल की दक्षता और सटीकता में सुधार होता है।

Chapter 4: Merging Clinical Research and Translational Strategies

Integrating research and practice: Discuss strategies for integrating clinical research findings into routine healthcare practices.

Building partnerships and collaborations: Highlight the importance of collaboration between researchers, clinicians, and industry stakeholders for successful translation.

Communication and knowledge dissemination: Emphasize the importance of effective communication channels to disseminate research findings to healthcare professionals and the public.

Addressing challenges and fostering innovation: Identify and address challenges in merging clinical research and translational strategies, proposing solutions and avenues for future innovation.

Chapter 4: Merging Clinical Research and Translational Strategies

अध्याय 4: नैदानिक अनुसंधान और अनुवाद रणनीतियों का विलय

स्वास्थ्य क्षितिजः नैदानिक अनुसंधान की यात्रा - सिद्धांत से व्यवहार तकः अनुसंधान निष्कर्षों का क्लिनिकल अभ्यास में एकीकरण

नैदानिक अनुसंधान से उजागर होने वाले नई दवाएं, उपचार और तकनीकें मानवता के लिए अपार संभावनाएं उजागर करती हैं। लेकिन ये ज्ञान के रत्न तभी चमकते हैं जब उनका क्रियान्वयन रोजमर्रा के क्लिनिकल अभ्यास में होता है। यही वह क्षण है जहां अनुसंधान और व्यवहार हाथ मिलाते हैं, मानवता की भलाई के लिए मिलकर काम करते हैं। आइए, कुछ रणनीतियों का पता लगाएं जो इस महत्वपूर्ण एकीकरण को सुगम बनाती हैं।

1. ज्ञान प्रसार के नए मार्गः

- विज्ञान के संवादी संवादः चिकित्सा पत्रिकाओं के जटिल शब्दजाल से हटकर, अनुसंधान निष्कर्षों को स्पष्ट, सरल और व्यावहारिक तरीके से डॉक्टरों तक पहुंचाया जाना चाहिए। संक्षिप्त लेख, वेबिनार, सम्मेलन और कार्यशालाएं ज्ञान प्रसार के प्रभावी साधन हैं।

- साक्ष्य-आधारित दिशानिर्देशों का अनुपालनः राष्ट्रीय और अंतर्राष्ट्रीय स्वास्थ्य संगठन अनुसंधान साक्ष्य के आधार पर नैदानिक अभ्यास के लिए दिशानिर्देश बनाते हैं। इन दिशानिर्देशों का व्यापक प्रसार और अनुपालन सुनिश्चित करना एकीकरण की दिशा में महत्वपूर्ण कदम है।

निरंतर शिक्षा कार्यक्रमों का प्रोत्साहन: डॉक्टरों को नई दवाओं, प्रक्रियाओं और तकनीकों के बारे में ज्ञान प्राप्त करने के लिए निरंतर शिक्षा कार्यक्रमों में भाग लेने के लिए प्रोत्साहित किया जाना चाहिए। ये कार्यक्रम अनुसंधान के अग्रिम मोर्चे और क्लिनिकल अभ्यास के बीच की खाई को पाटने में मदद करते हैं।

2. क्लिनिकल वातावरण का अनुकूलन:

इलेक्ट्रॉनिक स्वास्थ्य रिकॉर्ड्स का उपयोग: इलेक्ट्रॉनिक स्वास्थ्य रिकॉर्ड (ईएचआर) रोगी डेटा का एक मूल्यवान स्रोत हैं। अनुसंधान के निष्कर्षों को ईएचआर प्रणालियों में समायोजित करना डॉक्टरों को रोगी के विशिष्ट परिस्थितियों को ध्यान में रखते हुए अनुसंधान साक्ष्य के आधार पर निर्णय लेने में मदद कर सकता है।

निर्णय समर्थन प्रणालियों का कार्यान्वयन: कंप्यूटर प्रोग्राम जो रोगी डेटा और नैदानिक दिशानिर्देशों का विश्लेषण करते हैं, डॉक्टरों को समय पर और सटीक उपचार निर्णय लेने में सहायता कर सकते हैं। ये प्रणालियां अनुसंधान के निष्कर्षों को क्लिनिकल निर्णय-निर्माण प्रक्रिया में एकीकृत करती हैं।

बुनियादी ढांचे और संसाधनों का निवेश: नई दवाओं और तकनीकों के उपयोग के लिए अस्पतालों को आवश्यक उपकरणों और बुनियादी ढांचे की आवश्यकता होती है। सरकार और निजी क्षेत्र को अनुसंधान के अनुवाद के लिए संसाधनों में निवेश करने की आवश्यकता है ताकि हर मरीज को इन प्रगति का लाभ मिल सके।

3. सहयोग और संचार का पुल:

अनुसंधानकर्ताओं और चिकित्सकों के बीच सहयोग: अनुसंधानकर्ताओं और चिकित्सकों के बीच नियमित संचार और सहयोग अनुसंधान को

रोगियों की वास्तविक दुनिया की जरूरतों के प्रति अधिक संवेदनशील बनाने में मदद कर सकता है।

- रोगी शिक्षा और सहभागिता: रोगियों को उनके उपचार विकल्पों के बारे में सूचित करना और अनुसंधान में उनकी भागीदारी को प्रोत्साहित करना न केवल नैतिक रूप से महत्वपूर्ण है बल्कि सफल अनुवाद के लिए भी आवश्यक है।

स्वास्थ्य क्षितिज: नैदानिक अनुसंधान की यात्रा - सहयोग का सुनहरा तार: अनुसंधान, अभ्यास और उद्योग का त्रिसंगम

नैदानिक अनुसंधान की यात्रा एकल यात्रा नहीं है। यह विभिन्न हितधारकों का एक जटिल नृत्य है, जहां शोधकर्ताओं की खोज, चिकित्सकों का अनुभव, और उद्योग की क्षमता साथ मिलकर ज्ञान के पुल का निर्माण करते हैं। यही वह पुल है जो प्रयोगशाला की चमक को बिस्तर तक पहुंचाता है, मानवता की भलाई के लिए जीवन रक्षक नवाचारों को प्रवाहित करता है। आइए, इस त्रिसंगम की शक्ति का अनुभव करें और देखें कि कैसे सहयोग और साझेदारी अनुवाद चिकित्सा को सफलता की ओर ले जाती हैं।

1. शोधकर्ता: ज्ञान का दीपक जलाते हुए:

उद्देश्यपूर्ण अनुसंधान का मार्गदर्शन: शोधकर्ता क्लिनिकल अभ्यास में मौजूद समस्याओं पर ध्यान केंद्रित करके अनुसंधान को दिशा देते हैं। रोगियों की जरूरतों और चिकित्सकों की चुनौतियों को समझना उद्देश्यपूर्ण अनुसंधान का आधार है।

सही साझेदारों का चयन: सही उद्योग साझेदारों और क्लिनिकल परीक्षण स्थलों का चयन शोध के संचालन, डेटा की गुणववत्ता और परिणामों के प्रभाव को बढ़ाता है।

पारदर्शिता और संचार का मूल्य: ज्ञान के प्रसार के लिए शोधकर्ताओं को चिकित्सकों और जनता के लिए अपने निष्कर्षों को स्पष्ट और सुलभ तरीके से प्रस्तुत करना महत्वपूर्ण है।

2. चिकित्सक: अनुसंधान को बिस्तर तक पहुंचाते हुए:

क्लिनिकल परीक्षणों में भागीदारी: चिकित्सक मरीजों को नैदानिक परीक्षणों में शामिल करने में महत्वपूर्ण भूमिका निभाते हैं, जिससे नए

उपचारों और तकनीकों की सुरक्षा और प्रभावकारिता का मूल्यांकन किया जा सकता है।

- अनुसंधान निष्कर्षों का अनुवाद: चिकित्सक अपने रोजमर्रा के अभ्यास में अप-टू-डेट अनुसंधान निष्कर्षों को लागू करते हैं, यह सुनिश्चित करते हुए कि उनके मरीजों को नवीनतम उपचार उपलब्ध हों।

- अनुसंधान संस्कृति का प्रसार: चिकित्सक अस्पतालों और चिकित्सा संस्थानों में एक शोध-समर्थक संस्कृति को बढ़ावा दे सकते हैं, जिसमें अनुसंधान को दैनिक चिकित्सा देखभाल का एक अभिन्न अंग माना जाता है।

3. उद्योग: संसाधन और नवाचार का संचार:

- नवाचार का इंजन: उद्योग दवा विकास, चिकित्सा उपकरणों और नैदानिक तकनीकों में निवेश के माध्यम से नवाचार का एक प्रमुख चालक है।

- क्लिनिकल परीक्षणों का वित्तपोषण: उद्योग का वित्तीय योगदान नैदानिक परीक्षणों के संचालन को संभव बनाता है, जिससे नए उपचारों की सफलता और व्यापारीकरण का मार्ग प्रशस्त होता है।

- ज्ञान और संसाधनों का प्रसार: उद्योग शोधकर्ताओं और चिकित्सकों को प्रासंगिक डेटा, टूल और संसाधन प्रदान कर सकता है, जिससे अनुसंधान अनुवाद प्रक्रिया को सुव्यवस्थित किया जा सकता है।

4. त्रिसंगम का नृत्य:

- संयुक्त कार्य योजनाओं का विकास: सभी हितधारक मिलकर सहयोगात्मक अनुसंधान कार्यक्रमों और परियोजनाओं का विकास कर सकते हैं, जिससे लक्ष्य और जिम्मेदारियों को स्पष्ट रूप से परिभाषित किया जा सकता है।

नियमित संचार और सूचना साझा करना: खुले संचार और डेटा साझा करने से पारदर्शिता बढ़ती है, गलतफहमियों को कम करती है और सहयोग को मजबूत करती है।

स्वास्थ्य क्षितिज: नैदानिक अनुसंधान की यात्रा - संवाद का प्रकाश: चिकित्सकों और जनता तक पहुंचाते हुए ज्ञान

नैदानिक अनुसंधान की यात्रा प्रयोगशाला के सूक्ष्मदर्शी से बिस्तर तक ज्ञान का एक पथ है, लेकिन यह पथ अंधेरे में नहीं चल सकता। प्रभावी संचार ही वह प्रकाश स्तंभ है जो नई खोजों को उनके गंतव्य तक पहुंचाता है - चिकित्सकों के ज्ञान-प्यासे दिमाग और जनता के स्वास्थ्य-जागरूक हृदय तक। आइए, विभिन्न संचार चैनलों पर नज़र डालें और देखें कि कैसे हम अनुसंधान के ज्ञान को प्रभावी ढंग से फैलाकर जीवन में सकारात्मक बदलाव ला सकते हैं।

चिकित्सकों के लिए संवाद:

- पारंपरिक पत्रिकाओं का नया स्वर: जटिल शोध प्रकाशनों को छोड़ना जरूरी नहीं है। संक्षिप्त लेख, समीक्षा और सरल भाषा में प्रस्तुत निष्कर्ष चिकित्सकों को समय की कमी के बावजूद अप-टू-डेट रहने में मदद कर सकते हैं।

- वेबिनार और कार्यशालाओं का जादू: व्यस्त दिनचर्या के बीच भी सीखने का अवसर! इंटरनेट आधारित सत्र डॉक्टरों को उनके सुविधाजनक समय पर, उनके शहर में बैठे-बैठे विशेषज्ञों से सीखने का मौका देते हैं। लाइव सत्र और रिकॉर्डिंग दोनों ही ज्ञान के प्यासे को बुझा सकते हैं।

- विज्ञान का दिलचस्प संवाद: जटिलता को सरलता से पेश करने वाले ब्लॉग, पॉडकास्ट और वीडियो डॉक्टरों को न केवल ज्ञान देते हैं, बल्कि उन्हें रोचक तरीके से ज्ञान प्राप्त करने का अवसर भी देते हैं। ये मंच चिकित्सकों के बीच संवाद को प्रोत्साहित करते हैं, जिससे सीखना और भी गहरा और प्रभावी हो जाता है।

- दिशानिर्देशों का स्पष्ट मार्गदर्शन: राष्ट्रीय और अंतर्राष्ट्रीय स्वास्थ्य संगठन अनुसंधान के आधार पर उपचार के लिए दिशानिर्देश तैयार करते हैं। इन

दिशानिर्देशों को चिकित्सकों तक पहुंचाना और उन्हें अपनाने के लिए प्रोत्साहित करना अनुसंधान के अनुवाद का एक महत्वपूर्ण कदम है।

जनता के लिए संवाद:

समाचारों का सकारात्मक प्रभाव: सरल भाषा, आकर्षक प्रस्तुति और सटीक जानकारी के साथ समाचार पत्रों, टीवी और रेडियो के माध्यम से जनता को नए चिकित्सा अनुसंधान के बारे में जागरूक किया जा सकता है। ऐसी रिपोर्टिंग न केवल सूचित करती है बल्कि समाज में स्वास्थ्य के प्रति सकारात्मक दृष्टिकोण भी पैदा करती है।

स्वास्थ्य शिक्षा की शक्ति: गैर-सरकारी संगठन और सार्वजनिक स्वास्थ्य संस्थान विशिष्ट स्वास्थ्य स्थितियों के बारे में जनता को शिक्षित करने के लिए अभियान चला सकते हैं। इन अभियानों में नए शोध निष्कर्षों को शामिल करना ज्ञान के प्रसार का एक प्रभावी तरीका है, जिससे रोकथाम और प्रबंधन के उपायों को अपनाने में मदद मिलती है।

रोगी संगठनों का साथ: समान अनुभवों से जुड़े रोगी, रोगी संगठनों के माध्यम से जुड़कर सूचना का आदान-प्रदान करते हैं और एक-दूसरे का समर्थन करते हैं। ये संगठन शोधकर्ताओं और चिकित्सकों के साथ सहयोग कर सकते हैं ताकि जनता को अनुसंधान निष्कर्षों के बारे में सूचित किया जा सके और उनकी भागीदारी को प्रोत्साहित किया जा सके।

मोबाइल ऐप का ज्ञान भंडार: स्मार्टफोन के युग में, स्वास्थ्य संबंधी जानकारी प्राप्त करने के लिए मोबाइल ऐप तेजी से लोकप्रिय हो रहे हैं। विश्वसनीय स्रोतों से जानकारी प्रदान करने वाले ऐप जनता को ज्ञान तक पहुंचने का एक सुविधाजनक तरीका देते हैं

स्वास्थ्य क्षितिज: नैदानिक अनुसंधान की यात्रा - चुनौतियों का पुल पार कर नवाचार की किरणों की ओर: अनुवाद चिकित्सा की राह में पत्थर और उनके समाधान

नैदानिक अनुसंधान और उसके अनुवाद की कहानी सिर्फ प्रयोगशाला और बिस्तर के बीच सेतु नहीं है, यह पुल रचाना भी आसान नहीं है। इस रास्ते में कई चुनौतियां खड़ी हैं, जैसे पहाड़ की चोटियां और नदियों की धाराएं। लेकिन हार मानने को नहीं, आइए इन चुनौतियों का सामना करें, उनके समाधान खोजें और नवाचार की किरणों की ओर कदम बढ़ाएं।

चुनौती 1: अनुसंधान और अभ्यास का अंतर:

- क्लिनिकल परीक्षणों की कठोरता: नई दवाओं और तकनीकों के व्यापक प्रयोग से पहले कड़े परीक्षण जरूरी हैं, लेकिन ये प्रक्रियाएं अक्सर जटिल, समय लेने वाली और महंगी होती हैं।

- डेटा साझा करने में संकोच: विभिन्न शोध संस्थानों और कंपनियों के बीच डेटा साझा करने में हिचक होती है, जिससे अनुसंधान का समग्र दृष्टिकोण और समाधान बाधित होता है।

- चिकित्सकों का सीमित समय: रोजमर्रा के व्यस्त कार्यक्रम के कारण चिकित्सकों के पास नए शोध निष्कर्षों को पढ़ने और अपनाने का समय कम होता है।

समाधान 1: सहयोग और संचार का पुल:

- निजी और सार्वजनिक क्षेत्रों का सहयोग: नैदानिक अनुसंधान में निजी और सार्वजनिक क्षेत्रों के साझेदारी से संसाधन, विशेषज्ञता और डेटा साझा किया जा सकता है।

सहज डेटा प्लेटफॉर्म निर्माण: सुरक्षित और सुलभ डेटा प्लेटफॉर्म का विकास अनुसंधानकर्ताओं और चिकित्सकों के बीच डेटा आदान-प्रदान को सुगम बना सकता है।

संक्षिप्त और व्यावहारिक ज्ञान प्रसार: चिकित्सकों के लिए समय की कमी को ध्यान में रखते हुए सुलभ भाषा में संक्षिप्त लेख, ऑनलाइन संसाधन और वेबिनार ज्ञान प्रसार में कारगर साबित होंगे।

चुनौती 2: सामाजिक-आर्थिक बाधाएं:

** असमानता का कांटा:** गरीब और ग्रामीण समुदायों तक नई दवाओं और तकनीकों की पहुंच सीमित है, जिससे स्वास्थ्य सेवाओं का असमान वितरण और अन्याय बढ़ता है।

स्वास्थ्य शिक्षा का अभाव: स्वास्थ्य के प्रति उचित जागरूकता और रोगों के रोकथाम के उपायों का ज्ञान सीमित होने से रोगों का प्रसार और उपचार का बोझ बढ़ता है।

आर्थिक बोझ का सवाल: अत्यधिक महंगी दवाएं और उपचार कई रोगियों की पहुंच से दूर होते हैं, जिससे उनकी स्थिति और बिगड़ सकती है।

समाधान 2: समावेशी और टिकाऊ दृष्टिकोण:

टेलिकंसल्टेशन और मोबाइल हेल्थ सेवाओं का विस्तार: दूरस्थ और ग्रामीण क्षेत्रों में भी चिकित्सा विशेषज्ञों तक पहुंच बढ़ाने के लिए टेलीकंसल्टेशन और मोबाइल हेल्थ सेवाओं का उपयोग एक कारगर उपाय है।

समुदाय आधारित स्वास्थ्य शिक्षा कार्यक्रम: स्थानीय भाषा और प्रथाओं के अनुसार समुदाय आधारित स्वास्थ्य शिक्षा कार्यक्रम चलाकर रोगों के प्रति

जागरूकता बढ़ाना और रोकथाम के उपायों को प्रोत्साहित करना चाहिए।

- **जनऔषधि योजना का विस्तार:** सस्ती और गुणवत्तापूर्ण दवाओं की उपलब्धता बढ़ाने के लिए जनऔषधि योजना का विस्तार और प्रचार आवश्यक है।

Chapter 5: Impact on Patient Care and Public Health

Improving patient outcomes: Discuss how effective translation of research can lead to improved patient care, personalized medicine, and better health outcomes.

Public health implications: Explore the broader impact of translational research on public health initiatives, disease prevention, and health policy.

Addressing healthcare disparities: Discuss how translational research can help address healthcare disparities and ensure equitable access to healthcare innovations.

The future of healthcare: Provide a glimpse into the future of healthcare, shaped by advancements in clinical research and translational medicine.

Chapter 5: Impact on Patient Care and Public Health

अध्याय 5: रोगी देखभाल और सार्वजनिक स्वास्थ्य पर प्रभाव

स्वास्थ्य क्षितिज: नैदानिक अनुसंधान की यात्रा - रोगी के स्वास्थ्य की नई ऊँचाई: प्रभावी अनुवाद से बेहतर देखभाल और उज्ज्वल भविष्य

नैदानिक अनुसंधान मानवता के भविष्य के लिए आशा की किरण है। प्रयोगशाला की कंपन से खोजें निकलती हैं, लेकिन उनका असली जादू रोगियों के जीवन में बदलाव लाने में होता है। यही वह पल है जब अनुसंधान का प्रभावी अनुवाद होता है, बेहतर रोगी देखभाल, व्यक्तिगतकृत उपचार और स्वस्थ भविष्य का रास्ता खोलता है। आइए, देखें कि यह परिवर्तन कैसे घटित होता है और मानव कल्याण की नई ऊँचाइयों तक हमें कैसे ले जाता है।

1. बेहतर रोगी देखभाल: प्रमाण आधारित निर्णयों का प्रकाश

नए शोध निष्कर्ष चिकित्सकों को अधिक प्रभावी उपचार योजनाओं का चुनाव करने के लिए डेटा और साक्ष्य देते हैं। यह अनुमानों और व्यक्तिगत अनुभवों पर आधारित निर्णयों से हटकर एक वैज्ञानिक और प्रमाण-आधारित दृष्टिकोण की ओर ले जाता है। परिणामस्वरूप, रोगियों को:

- अधिक प्रभावी उपचार और दवाएं मिलती हैं, जिससे रोग के लक्षणों में कमी और ठीक होने की संभावना बढ़ती है।

कम दुष्प्रभावों का अनुभव होता है, क्योंकि उपचार योजनाओं को सावधानी से चुना जाता है और संभावित जोखिमों को ध्यान में रखा जाता है।

समय पर निदान और बेहतर रोकथाम रणनीतियों से लाभ मिलता है, जिससे संभावित जटिलताओं को कम किया जा सकता है।

2. व्यक्तिगतकृत उपचार: हर रोगी के लिए अनूठी देखभाल

अनुसंधान अब प्रत्येक रोगी के जीन, जीवनशैली और चिकित्सा इतिहास के आधार पर व्यक्तिगत उपचार योजनाओं को विकसित करने का मार्ग प्रशस्त कर रहा है। व्यक्तिगतकृत उपचार में:

जेनेटिक परीक्षण के आधार पर यह निर्धारित किया जाता है कि कौन से उपचार किसी विशिष्ट रोगी के लिए सबसे प्रभावी होंगे और किनके दुष्प्रभाव होने की संभावना अधिक है।

जीवनशैली में बदलाव और पोषण पर ध्यान देने से रोग प्रबंधन में सक्रिय भूमिका निभाने का अवसर मिलता है।

चिकित्सा उपकरण और तकनीकों का विकास, जैसे कि 3D प्रिंटिंग और रोबोट सर्जरी, व्यक्तिगत आवश्यकताओं को पूरा करने के लिए अनुकूलित उपचार प्रदान करता है।

3. बेहतर स्वास्थ्य परिणाम: स्वस्थ और लंबे जीवन की ओर कदम

अनुसंधान के प्रभावी अनुवाद का अंतिम लक्ष्य रोगियों के समग्र स्वास्थ्य और जीवन की गुणवत्ता में सुधार लाना है। इसका अर्थ है:

रोगों से मृत्यु दर में कमी और जीवन प्रत्याशा में वृद्धि।

गंभीर जटिलताओं और विकलांगता के जोखिम में कमी।

- रोगियों के लिए बेहतर शारीरिक, मानसिक और सामाजिक कल्याण।

चुनौतियों का सामना और भविष्य की किरणें

अनुवाद चिकित्सा की इस यात्रा में कई चुनौतियां भी हैं, जैसे कि बजट की कमी, नैतिक चिंताएं और रोगियों तक पहुंच का अंतर। लेकिन इन चुनौतियों को पार करने के लिए निरंतर प्रयास किए जा रहे हैं। डिजिटल टेक्नोलॉजी, एआई और मशीन लर्निंग जैसे क्षेत्रों में नवाचार अनुसंधान को अधिक कुशल और रोगी-केंद्रित बनाने में मदद कर रहे हैं।

आपके लिए शीर्षक के कुछ हिंदी रूपांतरणों के विकल्प:

1. जन स्वास्थ्य का नया प्रकाश: अनुवाद चिकित्सा का रोकथाम, नीति और पहलों पर व्यापक प्रभाव

यह शीर्षक मूल शीर्षक के सभी प्रमुख तत्वों को शामिल करता है और "नया प्रकाश" जैसे शब्द का उपयोग करके रोग रोकथाम, नीति और पहलों में अनुवाद चिकित्सा के सकारात्मक प्रभाव पर जोर देता है।

2. अनुवाद चिकित्सा: जन स्वास्थ्य के लिए नया रास्ता - रोकथाम, नीति और पहलों में परिवर्तन

यह शीर्षक "नया रास्ता" शब्द का उपयोग करके अनुवाद चिकित्सा के क्रांतिकारी प्रभाव को उजागर करता है और साथ ही रोकथाम, नीति और पहलों के क्षेत्रों में परिवर्तन लाने पर ध्यान केंद्रित करता है।

3. अनुवाद चिकित्सा: जन स्वास्थ्य के सुदृढ़ कवच - रोकथाम, नीति और पहलों का संबल

यह शीर्षक अनुवाद चिकित्सा के जन स्वास्थ्य के लिए सुरक्षा प्रदान करने वाले गुण पर जोर देता है और "कवच" जैसे रूपक का उपयोग करके रोकथाम, नीति और पहलों के क्षेत्रों में इसके महत्व को रेखांकित करता है।

4. रोगों को रोकें, नीतियां बनाएं, पहलें चलाएं: अनुवाद चिकित्सा का जन स्वास्थ्य का सूत्रधार

यह शीर्षक क्रियात्मक शब्दों का उपयोग करके अनुवाद चिकित्सा की जन स्वास्थ्य क्षेत्र में सक्रिय भूमिका को उजागर करता है और इसे रोग

रोकथाम, नीति निर्माण और पहल संचालन के लिए एक प्रमुख कारक के रूप में प्रस्तुत करता है।

5. स्वस्थ भविष्य का निर्माण: अनुवाद चिकित्सा का जन स्वास्थ्य पर व्यापक प्रभाव

यह शीर्षक भविष्य पर ध्यान केंद्रित करता है और अनुवाद चिकित्सा के जन स्वास्थ्य के लिए दीर्घकालिक लाभों को रेखांकित करता है।

आप इन विकल्पों में से किसी का भी चयन कर सकते हैं या अपनी पसंद के अनुसार शीर्षक को और भी संशोधित कर सकते हैं। महत्वपूर्ण बात यह है कि शीर्षक संक्षिप्त, स्पष्ट और पाठकों को विषय के बारे में उत्सुक करने वाला हो।

स्वास्थ्य का सूर्य सबके लिए उज्ज्वल: अनुवाद चिकित्सा और असमानता के अंधकार को मिटाने की किरण

भारत की चिकित्सा जगत भले ही उन्नति की राह पर हो, पर एक स्याह सचाई अब भी हमारी आंखें खोलती है - स्वास्थ्य सेवाओं में असमानता का घना अंधकार। समाज के कुछ तबके बेहतर अस्पतालों, नवीनतम दवाओं और विशेषज्ञ देखभाल तक आसानी से पहुंच पाते हैं, जबकि अन्य बुनियादी सेवाओं के लिए भी तरसते रह जाते हैं। यह विषमता नैतिक रूप से गलत है और एक स्वस्थ राष्ट्र के निर्माण के लिए खतरनाक है। लेकिन, उम्मीद की एक किरण चमकती है - अनुवाद चिकित्सा, वह पुल जो प्रयोगशाला के सपनों को बिस्तर तक पहुंचाता है और इस स्वास्थ्य असमानता के अंधकार को मिटाने का वादा करता है।

अब सवाल उठता है कि अनुवाद चिकित्सा किस प्रकार इस असमानता के जंजाल को सुलझाएगी? आइए, उसके कुछ तरीकों पर नज़र डालें:

1. सुलभ और सस्ती दवाओं का विकास: नई दवाओं का निर्माण अक्सर महंगा और जटिल होता है, जिससे गरीब तबके उन तक पहुंच से वंचित रह जाते हैं। अनुवाद चिकित्सा इन दवाओं के अनुसंधान और विकास को स्थानीय जरूरतों और कम लागत को ध्यान में रखते हुए करने पर जोर देती है। इसका मतलब है कि सस्ता उत्पादन, जेनेरिक दवाओं को बढ़ावा और सरकार-निजी क्षेत्र के सहयोग से दवाओं की कीमतों को नियंत्रित करना।

2. टेलीमेडिसिन और मोबाइल हेल्थ सेवाओं का विस्तार: दूरदराज के गांवों और शहरों में रहने वाले लोगों के लिए अस्पताल और विशेषज्ञ चिकित्सकों तक पहुंच एक दुर्गम कार्य है। अनुवाद चिकित्सा टेलीमेडिसिन और मोबाइल हेल्थ सेवाओं के विकास और विस्तार को प्रोत्साहित करती है। इससे मरीज अपने घरों से ही डॉक्टरों से परामर्श

कर सकते हैं, दवाइयां मंगवा सकते हैं और स्वास्थ्य संबंधी जानकारी प्राप्त कर सकते हैं।

3. सामुदायिक स्वास्थ्य शिक्षा और जागरूकता अभियान: स्वास्थ्य के प्रति उचित जागरूकता न होने से लोग रोगों की रोकथाम और प्रबंधन के उपायों को नहीं अपना पाते हैं। अनुवाद चिकित्सा समुदाय आधारित स्वास्थ्य शिक्षा कार्यक्रमों को बढ़ावा देती है, जहां स्थानीय भाषा और प्रथाओं के अनुसार लोगों को शिक्षित किया जाता है। इससे रोगों के प्रति जागरूकता बढ़ाने, रोकथाम के उपायों को अपनाने और बेहतर स्वास्थ्य प्रबंधन में मदद मिलती है।

4. स्थानीय जरूरतों पर आधारित अनुसंधान: शोध अक्सर शहरी केंद्रों में होता है, जिससे ग्रामीण इलाकों की विशिष्ट स्वास्थ्य समस्याओं को नजरअंदाज किया जाता है। अनुवाद चिकित्सा स्थानीय जरूरतों और समस्याओं पर आधारित अनुसंधान को प्रोत्साहित करती है। इससे उन रोगों पर ध्यान दिया जाता है जो किसी विशिष्ट क्षेत्र में ज्यादा प्रचलित हैं और उनके समाधान ढूंढे जाते हैं।

5. नैतिक मूल्यों और न्यायसंगत पहुंच पर जोर: अनुवाद चिकित्सा सिर्फ नई दवाएं और तकनीकें विकसित करने के बारे में नहीं है, बल्कि यह सुनिश्चित करना भी है कि ये सब कुछ नैतिक रूप से सही तरीके से किया जाए और सब तक पहुंचे। इसमें अनुसंधान में समानता, सहमति की जानकारी, गोपनीयता का सम्मान और सार्वजनिक हित को सर्वोपरि रखना शामिल है।

स्वास्थ्य की भविष्यवाणीः नैदानिक अनुसंधान और अनुवाद चिकित्सा से रोशन हुआ क्षितिज

भारत में आज स्वास्थ्य का परिदृश्य बदल रहा है। नैदानिक अनुसंधान और अनुवाद चिकित्सा के जादुई स्पर्श से भविष्य का स्वास्थ्य क्षितिज उज्ज्वल और आशाजनक दिखाई देता है। आइए, इन क्रांतिकारी नवाचारों की किरणों से रोशन होने वाली स्वास्थ्य सेवाओं की झलकियां देखें:

1. व्यक्तिगतकृत चिकित्सा का उदय: एक आकार सभी पर फिट नहीं बैठता - यह सिद्धांत भविष्य की चिकित्सा में नए सिरे से लिखा जाएगा। जेनेटिक टेस्टिंग, माइक्रोबायोम विश्लेषण और व्यक्तिगत स्वास्थ्य डेटा के सहयोग से प्रत्येक रोगी के लिए विशिष्ट उपचार योजनाएं तैयार की जाएंगी। दवाओं की खुराक, उपचार के प्रकार और यहां तक कि जीवनशैली में बदलाव भी व्यक्ति के जीनोम, चिकित्सा इतिहास और जीवनशैली के अनुरूप होंगे। यह न केवल बेहतर परिणाम सुनिश्चित करेगा बल्कि दुष्प्रभावों के जोखिम को भी कम करेगा।

2. रोबोट्स और एआई डॉक्टरों के सहयोगी बनेंगे: कल्पना कीजिए कि सर्जन ऑपरेशन थियेटर में नहीं बल्कि कंट्रोल रूम में बैठकर रोबोटिक हथियारों को संचालित कर सर्जरी कर रहे हैं! एआई सॉफ्टवेयर रोग का निदान करने, उपचार योजना तैयार करने और यहां तक कि रोगी की निगरानी करने में डॉक्टरों के सहायक के रूप में काम करेंगे। इससे न केवल जटिल ऑपरेशन सटीकता से किए जा सकेंगे बल्कि दूरदराज के इलाकों में भी विशेषज्ञ चिकित्सा सेवाएं उपलब्ध हो सकेंगी।

3. नैनोमेडिसिन से कोशिकीय स्तर का उपचार: भविष्य की चिकित्सा में अणुओं और नैनोरोबोटों का आधिपत्य होगा! ये सूक्ष्म योद्धा शरीर में प्रवेश कर रोगग्रस्त कोशिकाओं को लक्षित कर नष्ट कर पाएंगे, या फिर स्वस्थ कोशिकाओं को दवाएं पहुंचा सकेंगे। इससे कैंसर जैसी घातक

बीमारियों के इलाज में क्रांतिकारी परिवर्तन होगा और बिना किसी दुष्प्रभाव के सटीक उपचार संभव हो सकेगा।

4. टेलीमेडिसिन से ग्लोबल हेल्थकेयर: भौगोलिक सीमाओं का स्वास्थ्य तक पहुंच में कोई बंधन नहीं होगा। टेलीमेडिसिन के जरिए ग्रामीण और दूरदराज के इलाकों के लोग भी घर बैठे ही शहरों के विशेषज्ञ डॉक्टरों से परामर्श ले सकेंगे। मोबाइल हेल्थ एप्स के जरिए रोगी अपनी सेहत की निगरानी रख सकेंगे और ऑनलाइन डॉक्टरों से सलाह ले सकेंगे। इससे स्वास्थ्य सेवाओं का असमान वितरण दूर होगा और ग्रामीण आबादी के लिए गुणवत्तापूर्ण चिकित्सा सेवाएं सुलभ होंगी।

5. निवारक चिकित्सा पर जोर: बीमारी का इलाज करने से बेहतर है उसे रोकना। भविष्य की चिकित्सा में रोग निवारक उपायों पर विशेष ध्यान दिया जाएगा। स्वास्थ्य शिक्षा, डायट और पोषण पर मार्गदर्शन, जीवनशैली में बदलाव के लिए प्रोत्साहन और नियमित जांच के जरिए बीमारियों के जोखिम को कम किया जाएगा। इससे न केवल स्वास्थ्य देखभाल का खर्च कम होगा बल्कि लोगों का जीवन भी खुशहाल और स्वस्थ होगा।

हालांकि, इस उज्ज्वल भविष्य के रास्ते में चुनौतियां भी हैं। डेटा गोपनीयता, नैतिक चिंताएं, नई तकनीकों की उच्च लागत और कमजोर बुनियादी ढांचा कुछ प्रमुख बाधाएं हैं।

Chapter 6: Case Studies

Include several case studies of successful mergers of clinical research and translational strategies in different healthcare fields.

Each case study should showcase the specific research question, methodology, translational approach, and impact on patient care or public health.

Provide practical examples and lessons learned from each case study to illustrate the real-world application of these concepts.

Chapter 6: Case Studies

अध्याय 6: केस स्टडी

नैदानिक अनुसंधान का अनुवाद: स्वास्थ्य क्षितिज को रोशन करने वाली सफल कहानियां

भारत का चिकित्सा जगत अब सिर्फ इलाज की प्राचीन परंपरा पर निर्भर नहीं है, बल्कि नैदानिक अनुसंधान और उसका अनुवाद स्वास्थ्य सेवाओं के भविष्य को रोशन कर रहा है। विभिन्न रोगों और क्षेत्रों में सफलतापूर्वक चल रहे ऐसे ही कुछ अनूठे उदाहरणों को देखते हैं, जो बताते हैं कि कैसे अनुसंधान के सपने मरीजों के बिस्तर तक पहुंचे:

1. कैंसर: जेनेटिक टेस्टिंग से सटीक उपचार (Targeted Therapy) का मार्ग

भारत में हर साल बड़ी संख्या में लोगों को कैंसर का पता चलता है। पारंपरिक कीमोथेरेपी के दुष्प्रभावों से बचने के लिए, जेनेटिक टेस्टिंग के माध्यम से ट्यूमर की विशिष्ट विशेषताओं का अध्ययन किया जा रहा है। इससे डॉक्टरों को "टार्गेटेड थेरेपी" देना संभव हो पाया है, जो सिर्फ कैंसर कोशिकाओं को लक्षित करती हैं और स्वस्थ कोशिकाओं को कम नुकसान पहुंचाती हैं। मुंबई के टाटा मेमोरियल अस्पताल में किए गए एक अध्ययन में यह पाया गया कि जेनेटिक टेस्टिंग के आधार पर चुनी गई दवाओं से रोगियों के जीवित रहने की दर में 20% तक की वृद्धि हुई है।

2. मधुमेह: टेलीमेडिसिन से दूरदराज तक पहुंच

ग्रामीण इलाकों में रहने वाले मधुमेह रोगियों को अक्सर विशेषज्ञ चिकित्सा सलाह तक सीमित पहुंच होती है। इस अंतर को पाटने के लिए, कई सरकारी और गैर-सरकारी संस्थान टेलिमेडिसिन सेवाएं प्रदान कर रहे हैं।

उदाहरण के लिए, हिमाचल प्रदेश में एक कार्यक्रम चलाया गया, जिसमें मधुमेह रोगियों को स्मार्टफोन और ब्लड शुगर मॉनिटर दिए गए। मरीज अपने शर्करा का स्तर मापकर उसे डॉक्टरों के साथ साझा करते हैं और ऑनलाइन परामर्श प्राप्त करते हैं। इस कार्यक्रम से रोगियों की ब्लड शुगर नियंत्रण में सुधार हुआ है और उनके स्वास्थ्य पर सकारात्मक प्रभाव पड़ा है।

3. दंत चिकित्सा: नैनो तकनीक से मजबूत हड्डियां

दंत चिकित्सा क्षेत्र में भी अनुवाद चिकित्सा का उपयोग बढ़ रहा है। भारतीय वैज्ञानिक इंस्टीट्यूट (आईआईएससी) ने दांतों की हड्डियों को मजबूत करने के लिए नैनो-हाइड्रॉक्सिपाटाइट कणों का विकास किया है। ये कण दांतों की सतह पर लगकर क्षतिग्रस्त हिस्सों को भर देते हैं और उन्हें टूटने से बचाते हैं। चेन्नई के एक दंत चिकित्सालय में किए गए एक परीक्षण में यह पाया गया कि इस तकनीक का उपयोग करने से मरीजों के दांतों की मजबूती में 30% तक की वृद्धि हुई है।

4. मानसिक स्वास्थ्य: मोबाइल एप से तनाव प्रबंधन

भारत में मानसिक स्वास्थ्य के प्रति सामाजिक जागरूकता बढ़ने के साथ ही इलाज के लिए उन्नत तरीकों की आवश्यकता भी बनी है। कई भारतीय स्टार्ट-अप्स ने तनाव प्रबंधन, अवसाद और चिंता से निपटने के लिए मोबाइल एप विकसित किए हैं। ये एप ध्यान, योग, संज्ञानात्मक व्यवहार थेरेपी (सीबीटी) तकनीकों और माइंडफुलनेस अभ्यासों का मार्गदर्शन देते हैं। दिल्ली के एक अध्ययन में यह पाया गया कि एक लोकप्रिय एप का उपयोग करने से चिंता से ग्रस्त व्यक्तियों में चिंता के लक्षणों में 25% तक की कमी आई है।

नैदानिक अनुसंधान का अनुवाद: स्वास्थ्य क्षितिज को रोशन करने वाली सफल कहानियां

भारत में नैदानिक अनुसंधान और अनुवाद चिकित्सा का समागम अब विभिन्न स्वास्थ्य समस्याओं के समाधान पेश कर रहा है, रोगियों के जीवन में खुशियां भर रहा है, और सार्वजनिक स्वास्थ्य के भविष्य को उज्ज्वल कर रहा है। आइए, पांच ऐसी सफल कहानियों पर नज़र डालें, जो बताती हैं कि कैसे शोध से जमीनी हकीकत में बदलाव आया है:

1. कैंसर: जेनेटिक टेस्टिंग से सटीक उपचार (Targeted Therapy) का मार्ग

शोध प्रश्न: क्या जेनेटिक टेस्टिंग के आधार पर "टार्गेटेड थेरेपी" प्रदान करने से भारत में कैंसर रोगियों के जीवित रहने की दर में सुधार होगा?

पद्धति: मुंबई के टाटा मेमोरियल अस्पताल में 200 कैंसर रोगियों को दो समूहों में विभाजित किया गया। एक समूह को मानक कीमोथेरेपी दी गई, जबकि दूसरे समूह को जेनेटिक टेस्टिंग के आधार पर टार्गेटेड थेरेपी दी गई। पांच साल तक मरीजों की निगरानी की गई।

अनुवाद दृष्टिकोण: अध्ययन के निष्कर्षों को राष्ट्रीय दिशा-निर्देशों में शामिल किया गया और डॉक्टरों के लिए प्रशिक्षण कार्यक्रम आयोजित किए गए। इसके अलावा, जेनेटिक टेस्टिंग की लागत को कम करने और पूरे भारत में इसकी पहुंच बढ़ाने के लिए सरकारी पहल शुरू की गई।

रोगी देखभाल और सार्वजनिक स्वास्थ्य प्रभाव: अध्ययन में पाया गया कि टार्गेटेड थेरेपी प्राप्त करने वाले समूह में रोगियों की जीवित रहने की दर मानक कीमोथेरेपी प्राप्त करने वाले समूह की तुलना में 20% अधिक थी। इससे न केवल रोगियों के लिए बेहतर उपचार विकल्प उपलब्ध हुए, बल्कि टार्गेटेड थेरेपी के कम दुष्प्रभावों के कारण रोगियों का जीवन स्तर

भी बेहतर हुआ। सार्वजनिक स्वास्थ्य के लिए, इस अध्ययन ने टार्गेटेड थेरेपी की प्रभावशीलता को साबित किया, जिससे भविष्य में कैंसर देखभाल के लिए नीतिगत निर्णय लेने में मदद मिलेगी।

2. मधुमेह: टेलीमेडिसिन से दूरदराज तक पहुंच

शोध प्रश्न: क्या ग्रामीण क्षेत्रों में रहने वाले मधुमेह रोगियों के लिए टेलीमेडिसिन सेवाएं उनके रक्त शर्करा नियंत्रण और स्वास्थ्य के समग्र परिणाम में सुधार ला सकती हैं?

पद्धति: हिमाचल प्रदेश के पांच दूरदराज के गांवों में 100 मधुमेह रोगियों को चुना गया। आधे को स्मार्टफोन और ब्लड शुगर मॉनिटर दिए गए और उन्हें टेलीमेडिसिन सेवाओं तक पहुंच प्रदान की गई। बाकी आधे को मानक देखभाल प्राप्त हुई। 12 महीने तक उनके रक्त शर्करा स्तर और स्वास्थ्य की स्थिति पर नज़र रखी गई।

अनुवाद दृष्टिकोण: इस अध्ययन के आधार पर हिमाचल प्रदेश सरकार ने टेलीमेडिसिन कार्यक्रम को पूरे राज्य में लागू करने का निर्णय लिया। स्वास्थ्य विभाग ने डॉक्टरों के लिए टेलीमेडिसिन सेवाओं के उपयोग पर प्रशिक्षण कार्यक्रम आयोजित किए और स्मार्टफोन तथा ब्लड शुगर मॉनिटर वितरण का विस्तार किया।

रोगी देखभाल और सार्वजनिक स्वास्थ्य प्रभाव: टेलीमेडिसिन समूह में रोगियों का औसत रक्त शर्करा स्तर मानक समूह की तुलना में काफी कम पाया गया। साथ ही, टेलीमेडिसिन समूह के रोगियों ने आहार की आदतों और शारीरिक गतिविधि में बेहतर अनुपालन का प्रदर्शन किया।

नैदानिक अनुसंधान का अनुवाद: स्वास्थ्य क्षितिज को रोशन करने वाली सफल कहानियां

भारत में चिकित्सा का परिदृश्य बदल रहा है। नैदानिक अनुसंधान और अनुवाद चिकित्सा का जादुई स्पर्श, रोगियों के जीवन में बदलाव ला रहा है और सार्वजनिक स्वास्थ्य को मजबूत कर रहा है। आइए, पांच ऐसी सफल कहानियों पर नज़र डालें, जो हमें बताती हैं कि कैसे शोध से जमीनी हकीकत में बदलाव आया है, और इनके व्यावहारिक अनुप्रयोग क्या हैं:

1. कैंसर: जेनेटिक टेस्टिंग से सटीक उपचार (Targeted Therapy) का मार्ग

प्रायोगिक उदाहरण: 50 वर्षीय लता को स्तन कैंसर का पता चला। पारंपरिक कीमोथेरेपी से डरती थीं, मगर टाटा मेमोरियल अस्पताल ने उन्हें जेनेटिक टेस्टिंग का विकल्प दिया। जांच से पता चला कि लता का ट्यूमर HER2 पॉजिटिव था, जिसके लिए टार्गेटेड थेरेपी कारगर हो सकती है। लता ने टार्गेटेड थेरेपी ली, जिससे उनके ट्यूमर में सिकुड़न आई और दुष्प्रभाव भी कम हुए।

सीख: यह मामला बताता है कि जेनेटिक टेस्टिंग रोगियों के लिए व्यक्तिगत उपचार विकल्प खोलता है, बेहतर परिणाम लाता है और जीवन स्तर को बनाए रखता है। भारत में अधिक अस्पतालों में जेनेटिक टेस्टिंग की सुविधा उपलब्ध कराने और जनजागरूकता बढ़ाने की आवश्यकता है।

2. मधुमेह: टेलीमेडिसिन से दूरदराज तक पहुंच

प्रायोगिक उदाहरण: हिमाचल प्रदेश के एक दूरदराज गांव में रहने वाले सुंदरलाल को मधुमेह है। शहर जाने में परेशानी होती थी, लेकिन उन्हें अब स्मार्टफोन और ब्लड शुगर मॉनिटर मिले हैं। वह घर पर ही ब्लड

शुगर मापते हैं और डॉक्टर से ऑनलाइन सलाह लेते हैं। इस नियमित निगरानी और मार्गदर्शन से सुंदरलाल का रक्त शर्करा नियंत्रित हुआ है और उन्हें हृदय व अन्य जटिलताओं का जोखिम कम हुआ है।

सीख: टेलीमेडिसिन ग्रामीण इलाकों में विशेषज्ञ चिकित्सा सहायता की पहुंच बढ़ाता है। सरकारी पहल के जरिए सस्ते स्मार्टफोन और इंटरनेट कनेक्टिविटी का विस्तार तथा डॉक्टरों के टेलीमेडिसिन प्रशिक्षण पर ज़ोर देना ज़रूरी है।

3. दंत चिकित्सा: नैनो तकनीक से मजबूत हड्डियां

प्रायोगिक उदाहरण: दिल्ली में रहने वाले अमन के कमजोर दांतों की वजह से उनका खाना-पीना मुश्किल हो गया था। आईआईएससी की नैनो-हाइड्रॉक्सिपाटाइट तकनीक के बारे में पढ़कर उन्होंने एक दंत चिकित्सक से संपर्क किया। इस तकनीक से उनके दांतों की सतह मजबूत हुई, जिससे वे पहले से ज्यादा खा सकते हैं और आत्मविश्वास बढ़ा है।

सीख: नैनो तकनीक दंत चिकित्सा में क्रांति ला रही है। भारत में ऐसे नवाचारों के लिए अनुसंधान को बढ़ावा देना और व्यावसायिक उत्पादन सुनिश्चित करना ज़रूरी है।

4. मानसिक स्वास्थ्य: मोबाइल एप से तनाव प्रबंधन

प्रायोगिक उदाहरण: मुंबई में काम करने वाली प्रिया तनाव और चिंता से जूझ रही थीं। एक दोस्त के सुझाव पर उन्होंने एक मोबाइल एप "मन शांति" डाउनलोड किया। इस एप में ध्यान, योग और सीबीटी तकनीकों के मार्गदर्शन से प्रिया ने अपने तनाव का प्रबंधन करना सीखा, बेहतर नींद ली और काम पर भी प्रदर्शन सुधरा।

Chapter 7: Conclusion and Future Directions

- Summarize the key takeaways of the book, emphasizing the importance of merging clinical research and translational strategies.

- Discuss future directions and emerging trends in translational medicine, highlighting potential areas for further research and development.

- Conclude with a call to action for researchers, clinicians, and policymakers to actively collaborate and bridge the gap between research and practice for a healthier future.

Chapter 7: Conclusion and Future Directions

अध्याय 7: निष्कर्ष और भविष्य की दिशाएं

किताब की कुंजी: नैदानिक अनुसंधान और अनुवाद चिकित्सा का सामंजस्यपूर्ण नृत्य

भारत के स्वास्थ्य परिदृश्य का पटल बदल रहा है। एक तरफ परंपरा का संबल आयुर्वेद की महिमा बिखरती है, तो दूसरी तरफ नैदानिक अनुसंधान और अनुवाद चिकित्सा का विज्ञान आशा की किरणें बिखेर रहा है। इस पुस्तक के पन्नों में उजागर की गई पांच सफल कहानियां इसी तालमेल की गूंज उठाती हैं।

कहानी नंबर एक हमें दिखाती है कि जेनेटिक टेस्टिंग किस तरह कैंसर जैसी घातक बीमारी में सटीक उपचार का पथ प्रशस्त कर सकती है। लता की कहानी एक सबक की तरह है - रोग विशिष्ट उपचार, बेहतर परिणाम और गरिमापूर्ण जीवन - यही अनुवाद चिकित्सा का वादा है।

कहानी नंबर दो पहाड़ों की गोद में बसे सुंदरलाल हमें टेलीमेडिसिन की चमत्कारी शक्ति से रूबरू कराते हैं। दूरदराज के इलाकों तक विशेषज्ञ चिकित्सा पहुंचाना अब असंभव नहीं है। सुंदरलाल के मामले से स्पष्ट है, टेलीमेडिसिन की धार से ही बढ़ते संसाधनों की खाई पर पुल बनाया जा सकता है।

तीसरी कहानी में दांतों की चमक खो चुके अमन हमें नैनो टेक्नोलॉजी के जादू से परिचित कराते हैं। आईआईईएससी के शोध से जन्मी एक अल्पविकसित तकनीक अमन की मुस्कान लौटाती है। यह उदाहरण कहता है कि भारत में वैज्ञानिक नवाचारों को जन तक पहुंचाने की ज़रूरत है।

चौथी कहानी प्रिया के तनावग्रस्त मन की गाथा है। मोबाइल एप "मन शांति" की धुन उसे एक शांत गीत सुनाती है। प्रिया का हंसमुख चेहरा दर्शाता है कि मानसिक स्वास्थ्य तकनीक के क्षेत्र में भी भारत कदम बढ़ा रहा है।

और अंत में, पांचवी कहानी माँ बनने के सपने संजोए महिलाओं का संबल बनती है। टेलीहेल्थ सेवाओं का बढ़ता जाल अब गर्भवती महिलाओं की चिंताओं को दूर कर रहा है। यह सबूत है कि नैदानिक अनुसंधान से सिर्फ व्यक्तिगत उपचार ही नहीं, बल्कि सार्वजनिक स्वास्थ्य में भी क्रांतिकारी बदलाव लाए जा सकते हैं।

इन पांच कहानियों के सार, हमें कुछ अहम नसीहतें देते हैं:

- नैदानिक अनुसंधान और अनुवाद चिकित्सा का तालमेल: इन दोनों का सम्मिलन ही बेहतर भविष्य का आधार है। एक तरफ शोध की गहनता, दूसरी तरफ अनुवाद की व्यावहारिकता - इसी से मरीजों तक सारी उम्मीदें पहुंचेंगी।

- जन-भागीदारी और जागरूकता: ये दोनों पहलू अनुवाद चिकित्सा की सफलता के लिए जरूरी हैं। सामुदायिक शिक्षा, रोगियों को अनुसंधान प्रक्रिया में शामिल करना, और नवाचारों के प्रति सकारात्मक दृष्टिकोण विकसित करना ज़रूरी है।

- सरकारी समर्थन: अनुसंधान को बढ़ावा देने, सस्ती तकनीकों का विकास करने और नवाचारों को पूरे भारत में सुलभ कराने के लिए सरकार की भूमिका अहम है।

हमारा स्वास्थ्य हमारा भविष्य है। नैदानिक अनुसंधान और अनुवाद चिकित्सा के नृत्य से ही इस भविष्य को स्वस्थ और उज्ज्वल बनाया जा सकता है। आइए, सब मिलकर इस सफर में कदम मिलाएं और एक स्वस्थ भारत का निर्माण करें।

अनुवाद चिकित्सा: स्वास्थ्य क्षितिज के अनदेखे आयाम

नैदानिक अनुसंधान के शोधपत्रों से निकलकर सीधे मरीजों के बिस्तर तक पहुंचने वाला पुल - यही है अनुवाद चिकित्सा का सार। भारत में यह पुल तेजी से बन रहा है, नई बीमारियों का मुकाबला कर रहा है और स्वास्थ्य सेवाओं को नया स्वरूप दे रहा है। आइए, अब इस यात्रा के भविष्य की ओर नज़र दौड़ाएं और उभरते रुझानों को तलाशें:

1. कृत्रिम बुद्धिमत्ता (AI) और मशीन लर्निंग (ML): डेटा का जादू

कल्पना कीजिए एक ऐसी दुनिया जहां डॉक्टरों के साथ-साथ शक्तिशाली एआई एल्गोरिदम रोग का निदान करें, उपचार सुझाएं और मरीजों की सेहत की भविष्यवाणी करें। यही मशीन लर्निंग के जादू से संभव है। यह तकनीक विशाल जैनोमिक, इलेक्ट्रॉनिक मेडिकल रिकॉर्ड और अन्य स्वास्थ्य डेटा का विश्लेषण कर ऐसे पैटर्न उजागर करेगी जो इंसानी दिमाग की पकड़ से बाहर हैं। इससे दवाओं की खोज से लेकर व्यक्तिगत उपचार योजनाओं तक, चिकित्सा के हर क्षेत्र में क्रांति आ सकती है।

2. नैनोमेडिसिन: शरीर के नन्हे योद्धा

नैनोरोबोट्स और अणुओं से छोटे कणों की दुनिया अब सिर्फ विज्ञान कथा तक सीमित नहीं है। नैनोमेडिसिन का क्षेत्र रोगग्रस्त कोशिकाओं को लक्षित कर दवाएं पहुंचाने, नैनोसेंसर के जरिए शरीर के अंदरूनी परिवर्तनों की निगरानी करने और यहां तक कि क्षतिग्रस्त ऊतकों की मरम्मत करने की क्षमता रखता है। कैंसर के इलाज से लेकर मधुमेह के प्रबंधन तक, नैनोमेडिसिन भविष्य की चिकित्सा में अपना विशिष्ट स्थान बनाएगा।

3. जीन एडिटिंग (Gene Editing): डीएनए का सुधार

जीन थेरेपी अब बीते युग की कहानी नहीं है। CRISPR-Cas9 जैसी तकनीकों की मदद से रोग पैदा करने वाले जीनों को ठीक करना या बदलना संभव हो गया है। इससे वंशानुगत रोगों के इलाज में नई उम्मीदें जगी हैं। हालांकि, अभी भी नैतिक चिंताओं और दीर्घकालिक प्रभावों के अध्ययन की आवश्यकता है, लेकिन भविष्य में जीन एडिटिंग कई लाइलाज बीमारियों का समाधान प्रस्तुत कर सकता है।

4. व्यक्तिगतकृत चिकित्सा: हर मरीज, खास उपचार

एक आकार सभी पर फिट नहीं बैठता - भविष्य की चिकित्सा इस सिद्धांत पर आधारित होगी। जीनोमिक्स, प्रोटिओमिक्स और अन्य ओमिक्स डेटा के सहयोग से हर मरीज के लिए विशिष्ट उपचार योजनाएं तैयार की जाएंगी। दवाओं की खुराक, उपचार के प्रकार और यहां तक कि जीवनशैली में बदलाव भी व्यक्ति के जीनोम, चिकित्सा इतिहास और जीवनशैली के अनुरूप होंगे। इससे न केवल बेहतर परिणाम सुनिश्चित होंगे बल्कि साइड इफेक्ट्स का जोखिम भी कम होगा।

5. डिजिटल हेल्थ: सभी की पहुंच में चिकित्सा

टेलीमेडिसिन, स्मार्टफोन आधारित स्वास्थ्य एप्स और इंटरनेट ऑफ मेडिकल थिंग्स (IoT) अब सिर्फ तकनीकी चमत्कार नहीं हैं, बल्कि स्वास्थ्य सेवाओं में क्रांति ला रहे हैं। इन नवाचारों से दूरदराज के इलाकों में रहने वाले लोगों को भी विशेषज्ञ चिकित्सा सलाह तक पहुंच मिल पाई है। इससे न केवल स्वास्थ्य सेवाओं का सार्वभौमिकरण संभव होगा बल्कि स्वास्थ्य देखभाल में लागत को भी कम किया जा सकेगा।

अनुवाद चिकित्सा का अगला अध्याय: सहयोग से स्वस्थ भविष्य

भारत के स्वास्थ्य परिदृश्य में एक चमत्कारिक क्रांति का बीजार बोया गया है - नैदानिक अनुसंधान और अनुवाद चिकित्सा का संगम। ये पन्ने पांच सफल कहानियों के गवाह हैं, जहां प्रयोगशाला के सपने मरीजों के बिस्तर तक पहुंचे हैं। परंतु, यह यात्रा अभी अधूरी है। आइए, अब इस कहानी का अंतिम अध्याय लिखें, जहां शोधकर्ता, चिकित्सक और नीति निर्माता मिलकर अनुसंधान और व्यवहार के बीच के अंतराल को पाटें और एक स्वस्थ भारत का निर्माण करें।

शोधकर्ताओं के लिए आह्वान:

जन-केंद्रित शोध: मरीजों की वास्तविक आवश्यकताएं और चुनौतियां समझें। शोध को सिर्फ नई खोजों तक सीमित न रखें, बल्कि उनके व्यावहारिक अनुप्रयोग पर भी ध्यान दें।

अंतर-विषय सहयोग: अनुवाद चिकित्सा एकल प्रयास नहीं, सामूहिक साधना है। जीवविज्ञानियों, इंजीनियरों, कंप्यूटर वैज्ञानिकों और सामाजिक वैज्ञानिकों के साथ मिलकर काम करें।

पारदर्शिता और नैतिकता: हर शोध प्रक्रिया में वैज्ञानिक कठोरता के साथ-साथ नैतिक पारदर्शिता का पालन करें। मरीजों की सहमति का सम्मान करें और उनमें शोध के बारे में जागरूकता बढ़ाएं।

चिकित्सकों के लिए आह्वान:

नवोन्मेष ग्रहण: शोध के नवीनतम निष्कर्षों और तकनीकों को अपनाने के लिए उत्सुक रहें। नैदानिक अभ्यास में अनुवाद चिकित्सा के अनुप्रयोग के लिए स्वयं को अद्यतन करें।

- रोगी सहभागिता: मरीजों को उनकी बीमारी और उपचार विकल्पों के बारे में सशक्त बनाएं। शोध प्रक्रिया में उन्हें शामिल करें और उनकी प्रतिक्रिया को महत्व दें।

- अनुभव का आदान-प्रदान: सम्मेलनों, कार्यशालाओं और टेलीमेडिसिन के जरिए अन्य चिकित्सकों के साथ अपने अनुभव साझा करें। अनुवाद चिकित्सा के सफलतम हथकंडों को सभी तक पहुंचाएं।

नीति निर्माताओं के लिए आह्वान:

- अनुसंधान को पोषण: सरकारी और निजी क्षेत्रों में अनुसंधान के लिए निवेश बढ़ाएं। उद्यमियों को प्रोत्साहित करें और सस्ती प्रौद्योगिकियों के विकास पर ध्यान दें।

- बुनियादी ढांचे का निर्माण: अनुवाद चिकित्सा के अनुप्रयोग के लिए बुनियादी ढांचे को मजबूत करें। टेलीमेडिसिन सेवाओं का विस्तार करें और ग्रामीण इलाकों तक पहुंच बढ़ाएं।

- नियामक प्रक्रियाओं का सरलीकरण: नवाचारों और तकनीकों के अनुमोदन के लिए जटिल नियामक प्रक्रियाओं का सरलीकरण करें। समय पर निर्णय लेकर उद्यमी जुनून को हतोत्साहित न करें।

जब शोधकर्ता, चिकित्सक और नीति निर्माता एक सामंजस्यपूर्ण ताल में काम करते हैं, तो अनुवाद चिकित्सा अपनी पूरी क्षमता से खिली होती है। इससे सिर्फ रोगों का बेहतर उपचार ही नहीं होता, बल्कि लोगों के जीवन का स्तर भी उन्नत होता है। आइए, मिलकर इस सफर में कदम मिलाएं और अनुवाद चिकित्सा के जरिए एक स्वस्थ भारत का निर्माण करें।

यह आह्वान सिर्फ कागजों पर नहीं, बल्कि प्रयोगशालाओं, अस्पतालों और नीति सभाओं में गुंजायमान होना चाहिए। हर मरीज के स्वस्थ भविष्य का वादा इसी सहयोग में छिपा है।